輝煌堅毅，歷史舞臺上的
女性力量

寂靜主義先驅 ✕ 監獄改革者 ✕ 最「貴」的畫家 ✕ 科幻小說之母
即便處境相對弱勢，依舊能在各行業大放光彩！

阿爾伯特·哈伯德 著
宋孚紅 譯

Little Journeys To the Homes of Famous Women

歷史的英文是 History，長久以來只說男人的故事；
關於女性的紀錄少得可憐，甚至連名字也不被在意。

- -

但縱使是這樣艱苦的環境，依然有一群女子堅持理想，
她們早已超越性別的束縛，在各個領域間盡情揮灑光芒！

目錄

出版者言

阿爾伯特·哈伯德已經去世，或許我們應該說，他順著他那偉大的小旅程走向了來世。然而他的智慧已在這個時代扎根、成長，永遠鮮活，為後人銘記。

為了使今天這些阿爾伯特·哈伯德的經典之作能夠面世，我們已準備了十四年。從 1894 年，《拜訪世界名人之旅》(*Little Journeys to the Homes of the Great*) 這套叢書開始寫作起，這十四年來的每個月，我們都把這些令人景仰的文字奉獻給世界，從無間斷。這些珍寶般的文字已被奉為經典，並將永世流傳。累積下來，共有一百八十篇，帶領我們造訪那些變革了時代、創造了帝國甚至打下文明烙印的人類傑出者。透過哈伯德，這些不朽的豐功偉績和燦爛思想展示在我們面前，並且將在未來世紀中不斷迴響。

普魯塔克 (Plutarch) 曾為希臘與羅馬名人作傳，寫下了四十六部作品，哈伯德的系列作品同樣是關於偉人們，在這個領域，他們倆都取得了無人能及的成就。這些偉大的作品，在現代文明第一縷曙光出現在地平線之前，就已奉獻給了世人。普魯塔克用一個微小的瞬間、一個簡單的詞語，或是一個無傷大雅的俏皮話，就揭示了他筆下傳主的功過是非，古典著作中

沒有哪一本可以如此穿越時空，來到我們身邊，也沒有哪一本給予世界領袖人物如此重大的影響。誰能夠數清楚，有多少傳記是以這樣的方式開頭：「在他年輕時，我們的主人公總是閱讀普魯塔克的《希臘羅馬名人傳》……」愛默生曾說：「所有的歷史都很容易被分解為一些勇敢堅定、熱誠認真的人物的傳記。」他在說這句話的時候一定想到了普魯塔克的傳記 —— 它塑造了二十世紀這些偉人。

普魯塔克生活在聖保羅時期，他記載了早期的希臘人與羅馬人。兩千年後，哈伯德出現了，他的作品宛如一座直通古雅典的橋梁，把伯里克里斯（Pericles）的黃金時代與愛迪生的美國時代連接起來。他運用他的生花妙筆，造訪了諸多已逝的大師，並激發出如泉湧般的靈感。

休·查莫斯曾經評論道，若他要做一本關於美國的藍皮書，他可能會把阿爾伯特·哈伯德的著作表印刷出來即可。無論我們是否贊同這個權威的觀點，但這位不朽的人物在他的一生中，與任何其他美國作家相比，他那枝奇妙的筆，確實激勵了更多的出類拔萃的心靈。優秀的作家研究揣摩哈伯德的風格技巧：無數人在疲憊的工作之餘，打開他的書，尋覓智慧的火花。說實在的，此君揮舞著他的筆，如同天使揮舞著神杖。

他不僅作為一名作家顯示出讓我們讚嘆景仰的才華，在其他領域也非常出色。他一手創立的羅伊克洛夫特連鎖店，反映了美國最有能力、最敏銳的商人所能達到的成就與聲望。整

個行業都將看到，哈伯德身為創立者，為羅伊克洛夫特帶來了高度原則性與系統性，從而具備了強大的實用性。這不僅能從書籍印刷中體現，更能從他傾注了心血的平臺上體現。在此，我敢說，身為一位公共演說家，他比其他同行吸引了更多的聽眾，鼓舞了更多的人。有人曾驚訝地問，這個非凡的人，從哪裡得到這麼多靈感，來完成他偉大的著作？這裡面沒有祕密。它源自他對那些卓越前人的崇敬與追隨。並且，和普魯塔克一樣，這些小傳記是作者的一樁個人收益，是他對激發出這些作品的高尚情操與靈感的一個總結。

隨著哈伯德令人悲傷的去世，東奧若拉區宣布《腓力斯人》雜誌停刊。哈伯德已經離去，踏上了長長的旅程，也許他也需要他的《腓力斯人》伴隨他同行。再說，還有誰能接過他的筆呢？這種告別，也算晚輩對長輩最好的紀念吧。

同樣的熱忱，也促使了羅伊克洛夫特成員發行了《拜訪世界名人之旅》的紀念版。再沒有更好的方法可以貼切地表達他們對這位創立者的追思，因為這套書對他的智慧成型，有著無與倫比的影響力。如果他能回眸一看的話，必會為此點頭稱許。若需要建一座紀念館的話，不妨讓這套書造福人類吧，他一定會非常樂意與我們分享，因為，正是同樣的歷程，激發了他的靈感。

第一章
喬治・艾略特 GEORGE ELIOT

「如果我能抵達／那純淨的天堂，成為其他的靈魂／孕生於劇烈痛苦中的力量之杯／燃起了慷慨的熱情，哺育純真的愛／喚起不具殘忍的微笑／成為美德傳播的美好呈現／而這傳播始終充滿熱情／我將加入這無形的合唱／世界的愉悅匯為歌聲。」

華威郡為世界奉獻了威廉‧莎士比亞，它同樣也孕育了瑪麗‧安‧艾凡斯。毫無疑問莎士比亞是英國文學史上最偉大的人物，而在所有在世或過世的作家中，無論他們來自英國還是外邦，在足以揭露內心深處的熱情的微妙洞察力、展現人性矛盾的經驗以及對寬容和仁慈的理解上，沒有其他女性能顯現出與喬治‧艾略特相媲美的力量。

　　莎士比亞生活在三百多年前。根據記載，他的父親在西元1563年於史特拉福的亨利街上有一幢居所。所以我們推斷莎士比亞出生於此處，並且我們對於莎士比亞生涯早期（以及晚期）的所知往往都要加上這樣一個開頭「因此我們推斷」。

　　我們所了解的是，這個人通曉當時的一切知識，並且我們也清楚，那些博學之士都曾將他的成果視為己出，到處宣揚。

　　他明顯精通五種語言，而且所知遠及整個世界，但是他是從什麼地方獲得如此廣博的學識呢？我們並不知道，我們只能用莎士比亞生活在三百多年前作為寬恕自己的藉口。

　　喬治‧艾略特生活在距我們不遠的時代，但我們對她的年輕時代的了解並不比對另一位華威郡之子的多。

　　一位傳記作者告訴我們，她出生於西元1819年，另一位則說她的生年是西元1820年，兩者都不清楚確切的日子。然而在另一方面，《帕爾摩要聞》的一名記者卻為我們提供了一些有用的資訊：「威廉‧莎士比亞出生於西元1563年4月21日，一個

暴風雨天的凌晨 2 點 15 分。」

對於事實的簡明陳述往往是有價值的，但是我們並沒有找到描繪喬治·艾略特早期生活的文字，甚至連她的出身都籠罩著迷霧。關於 1880 年代，很難找到比《美國百科全書年鑑》更具權威性的文獻，該書大膽地宣稱艾略特並非棄兒，此外，她也並非因被富有的退休牧師收養而獲得了良好的教育。但作者接下來語焉不詳，不久後重複出現和補充的內容表明他並不清楚她從哪裡獲得了教育。不管怎樣，我們還是對此表示感謝。

莎士比亞留下了 5 種簽名，每一種都使用了不同的方式書寫，以至於現在有一大批人認為他的簽名實際上應該是培根的拼寫。

同樣地，我們也不清楚瑪麗·安·艾凡斯、瑪麗·安妮·艾凡斯或瑪麗安·艾凡斯哪個是正確的，因為據說她在不同的時期分別使用過這些簽名。威廉·溫特 —— 文雅的批評家、詩人、學者，告訴我們十四行詩揭露了莎士比亞道德紀錄上的一個汙點。而假如我的記憶無誤的話，同樣的事情也發生在喬治·艾略特的身上。人們認為，是倫敦的雨露和陽光滋潤了他們的天才之花並最終結果。他們的早期著作都是匿名出版的，而最後，他們都了解如何把思想化為金錢。在去世後，他們都留下了大筆財富。

戈黛娃夫人騎馬徘徊在科芬特里的街道上，而我在從史特拉福出發的路上躑躅前行，途經華威和凱尼爾沃思城堡。

我在前一晚停步於那間正面對城堡入口的奇妙古怪的小旅館。好心的老闆娘讓我住在華特・司各特爵士投宿此處時住過的一間房裡，他在這裡寫下了《凱尼爾沃思堡》（*Kenilworth*）的第一章。

　　這個小房間有著漂亮的白色印花棉布窗簾，繫有藍色的束帶，鏡邊也被同樣的布料包裹著。床鋪則帶有巨大的棚頂，我需要站在椅子上才能躍入其中享受它柔軟如羽毛的包覆 —— 所有的一切都優雅而整潔，雅致的織物散發出薰衣草的香味。我從打開的窗戶遠眺被常青藤覆蓋的塔樓，初升的月亮為它灑下了一層銀光，隨後，我進入了溫柔的夢鄉。

　　我夢到了在凱尼爾沃思城堡裡與莎士比亞、華特・司各特、瑪麗・安・艾凡斯以及我在童年就認識的比爾・赫西玩「捉迷藏」。我們在吊橋上互相追逐，穿過吊閘門，沿光滑的石階而下進入護城河環繞的城堡主樓，再拾階而上前往塔樓最頂端的角樓。最後輪到莎士比亞當「捉人者」，但是他發起火來拒絕再玩。華特・司各特說：「這不公平」，而比爾・赫西豎起了中指，提議「教訓」一下那個來自史特拉福的男孩。隨後瑪麗・安加入以平息這場衝突。我無法寫出後面發生了什麼，因為女房東敲著門詢問我是否起床了。我帶著剛剛開頭的故事醒來，因為在夢中大喊大叫而心懷愧疚，並發現已經是早晨了。「不 —— 我是說，好的，請給我洗臉水。」

　　在早飯後，女房東的兒子用他的驢車載著我前往喬治・艾略

特的出生地，他為此向我討要五先令。他介紹說那棟房子在北面七英里的地方，但是這趟所謂的快車實在太慢，最後我還是決定步行。在科芬特里，一個計程車司機許諾說可以帶我去那所房子，他指明，地點在凱尼爾沃思城堡，車錢十二先令。遊覽凱尼爾沃思城堡顯然要勝過坐在車裡的漫長旅途，但我還是抵禦住了這種迷人的誘惑。我在旅館享用了一頓不錯的午餐，然後詢問旅館主人是否可以告訴我喬治‧艾略特出生在哪裡。他說不知道，但可以告訴我如何去拐角處的那幢房子，艾略特一家曾住在那裡。

隨後我繼續前往紐尼頓。這是一段迷人的旅途：古雅的老房子中有一些帶著茅草屋頂，另一些則鋪著瓦片 —— 玫瑰盛開著蔓延到了房門上，山楂樹花襯托著白色的籬牆。

偶爾，我會遇到農夫的馬車，由溫和、有力的夏爾馬拖著，艾略特對牠們有過精彩的描繪。所有關於太平盛世、平靜生活、綠地和花朵、鳥鳴與陽光、隨溪流飄動的楊柳以及我在接近村莊時看到的老石橋的圓拱的文字，我都早已在《佛羅斯河上的磨房》中看過、感覺過。

我找到了據說是小說家出生的房子。這是一幢樸素的刷成白色的石頭建築，建造於兩百年前，兩層樓，低矮的上層帶有三角形的窗戶，房子一側的小花園裡花朵盛放，馬約蘭花混雜在洋蔥和甜菜之間，所有這一切都在訴說著謙卑、簡樸和平凡。房前是茂盛的栗子樹，靠近路邊的地方是兩棵老榆樹，活

潑的烏鴉正在築窩。

就是在這裡，當母親去世後，瑪麗·安·艾凡斯成為了女主婦。她只比孩子大一點——高挑、羞澀並且遠稱不上健壯。她烹洗掃刷樣樣都做，並為弟弟妹妹承擔起了母親的角色。她的父親是一名木匠，受僱於一個富裕的地主。他是一個嚴厲的人，守規矩、認真、勤勉、好學。在鄉間騎馬時他會帶上這個眼窩凹陷的高挑女孩，這時他會描述外面的廣闊天地所發生的奇妙事情給她聽。這個孩子工作努力，但還是會抽出時間來閱讀和提問——而且她總是有大把的時間用於思考。很快她的思想開始掙脫好父親的信仰，這讓他非常傷心，事實上，她開始格外注意父親需要些什麼，以調和他的失望，但這只讓他更加惱火。因此我們猜測這就是喬治·艾略特的文字中蘊含柔軟、壓抑的悲傷的原因，前進的路程正意味著悲傷的分別。

當瑪麗·安成長為一名窈窕少女時，她的父親移居到了科芬特里附近，雄心勃勃的女孩在這裡第一次遇到了求知旅途上的同路人。她遇到了比自己大的男男女女，他們都是富有活力和熱情的思想者。他們閱讀、討論，並說出各自的想法。在科芬特里度過的八年時光把一個笨拙的鄉村女孩變成了擁有智慧和決心的女性。她對各種科學和哲學都有涉獵，並精通德語和法語。她是如何獲得這些知識的呢？若非求知渴望促生的努力，又怎能得到這樣多的教育？

她已經用一種可被視為作家的方式翻譯了施特勞斯的《耶穌

的生》。當拉爾夫·沃爾多·愛默生前往科芬特里演講時，艾凡斯小姐去了他接受款待的房間中。她才華橫溢的談吐打動了他，而當她就他隨筆中的一段名言提出質疑時，這位溫文爾雅的哲人轉過身來，微笑著說他未曾從這種角度看待過這個問題，也許她是對的。

「妳最喜歡哪本書？」愛默生問。

「盧梭的《懺悔錄》（*Confessiones*）。」瑪麗立即答道。

這也是愛默生喜歡的書，但是從一位年輕女士的口中說出，這感覺有點奇怪。

愛默生先生從未忘記過科芬特里的艾凡斯小姐，十年後，當一名狂熱的評論家宣稱她是英國最偉大的小說家時，這位康科特的聖人嘟囔了一句，聽起來似乎是：「我就說過。」

艾凡斯小姐和她在科芬特里的朋友曾四次探訪倫敦。當她28歲，剛剛結束了一次對倫敦的訪問後，她精疲力竭地回到了鄉下，並寫下了最有女人味的祝願：「我唯一的熱切渴望是找到一些可以讓我履行的女性工作，以及一點把自己奉獻給某人的可能性，讓他感到純粹而平靜的幸福。」

但是此時她的父親去世了，她的生活十分窘迫。她開始翻譯，並且向雜誌社投稿，但得到的通常都是禮貌的回絕。

《威斯敏斯特評論》（*The Westminster Review*）為她提供了一個助理編輯的職務。這是一份穩定、充實的工作，也正是她所

渴望的。她前往倫敦，住在雇主查普曼先生的家裡。在這裡她有機會見到很多聰明人：卡萊爾和他的「珍妮·威爾什」、馬提諾一家、格羅特、米爾夫婦、赫胥黎、馬齊尼、路易士·勃朗。除了這些人外，當我們在討論這位女性天才成長歷程中受到的影響時，還有兩個年輕人我們不得不提。

她曾對赫伯特·史賓賽產生好感。他和她年歲相仿，並互相欣賞。艾凡斯小姐在西元 1852 年寫給朋友的信中說到：「史賓賽很友善，他很可愛，我每次和他在一起感覺都很好，我們也都同意一點，只要我們想，就沒有任何理由阻擋我們經常見面。」

不久之後她又寫道：「我生活中令人高興的一面，繼我對老朋友的感情之後，是我發現了同赫伯特·史賓賽之間全新而令人欣喜的友誼。我們每天見面，在一切事物上共用令人愉悅的友情。如果不是他，我的生命將荒蕪一片。」

不過大約在同時，另一個男人出現了。若不是因為這個經史賓賽介紹才同艾凡斯小姐相識的男人，那位「綜合哲學」的創作者恐怕不會因「嫁給了科學」而出現在名人字典中。

這並非一見鍾情，喬治·亨利·路易斯與艾凡斯小姐第一次相見時給她留下了明顯的不快的印象。他身材矮小，相貌平平，有著像無政府主義者那樣的絡腮鬍和一嘴歪歪扭扭的牙齒，個人習慣也遠遠談不上討人喜歡。正是這些因素，如狄更斯所言，導致他的第一任妻子拋棄了他，並最終使她發瘋。

但是路易斯有一個聰明的頭腦。他集語言學家、科學家、小說家、詩人和才子於一身，創作過自傳、劇本和哲學書。他曾擔任記者、講師甚至演員。薩克萊曾宣稱哪怕看到路易斯騎著白象漫步皮卡迪利大街，他也絲毫不會感到吃驚。

與艾凡斯小姐又見了幾面後，路易斯先生發現了她內心深處冷靜的一面，並請求她協助自己校稿。她同意了，也發現了他作品中的亮點。她校對的稿子越來越多，而當一名女性開始幫助男性時，危險也在悄悄靠近。親近的觀察者注意到改變發生在放蕩不羈的路易斯身上，他開始修剪鬍子，精細梳理自己的頭髮，亮黃的領帶也換成了乾淨的、更穩重的棕色領帶，而且有時他還會幫鞋子上油。隨著時間邁進，西元 1854 年 7 月，查普曼先生收到了一封來自他的助理編輯的辭職信，艾凡斯小姐通知了一些親近的朋友，希望今後稱呼她為路易斯夫人，而她在自己 36 歲時正式出嫁。

這對夫婦隨後消失，他們去了德國。

很多人感到震驚。一些人說：「我們對此一清二楚。」但當赫伯特·史賓賽得知這一消息時，他驚呼：「天啊！」此後不發一言。

在威瑪及其他文化中心過了 6 個月後，路易斯夫婦返回英國，開始在里奇蒙定居。任何參觀他們的舊公寓的人都會發現這對夫婦被迫過著樸素節儉的日子，但是他們在努力工作。在此時，未來的小說家腦中所想的只是協助自己的丈夫。她發現

了自己天性中不可否認的男性化的一面。兩個人寫作、抄寫、研究，他們辛苦工作，生活得其樂融融。

3年過去了，路易斯夫人在給朋友的信中寫道：「我很快樂，快樂地享受著生活能給予的最大幸福 —— 來自一個男人的完全的贊同和喜愛，他的思想在刺激我，讓我保持健全的活力。」

路易斯先生清楚伴侶的偉大，而她對此一無所察。他慫恿她創作一個故事，她躊躇著，最後終於嘗試著動筆。他們共同閱讀了故事的第一章並為其感動落淚。隨後她寫了更多，並總是讀給丈夫聽。他提出糾正和鼓勵意見，還找來了一名出版商。但是為什麼我要說這些呢？這些都記載在《大英百科全書》裡。裡面記載了她作品中溫文爾雅的美和富有同情心的洞察力是如何不分貧賤地打動人心，

財富又是如何向她滾滾而來。

每寫一本書她就會得到4萬美元，受到幸運的青睞後，她每年的收入從未少於過一萬美元。

路易斯是她的祕書、保護者、奴僕和靈感的來源。他避免外界竊取她的時間，在她的要求下，控制她能接觸到的所有評論 —— 無論好壞，並為她擋住那些採訪者、獵奇者和貪婪的金融家。

她在初次寫作時採用筆名的原因非常簡單。對於偉大、墮落的世界，她並非艾凡斯小姐或路易斯夫人，因此她讓這兩個

名字與扉頁遠遠地隔開，用一個男人的名字來代替她，希望能更好地避過審查。

當《亞當·柏德》（*Adam Bede*）問世，一位紐尼頓的居民買了一本，他立即發現書中呈現出了當地的特徵。場景的描述、花、石牆、橋、穀倉、人物──都是紐尼頓特有的。誰寫了這本書？沒人清楚，但一定是一個住在紐尼頓的人。因此他們選出了「里金斯」先生，一位道貌岸然的牧師，總是準備做一些大事。很快整個倫敦都在談論「里金斯」，至於這位里金斯先生，應該是一個具有睿智的外表，會狡黠地微笑的人。隨後又冒出來了一些特意冒充是《亞當·柏德》的作者所作的文章，還有一本書名為《小亞當·柏德》。為了保護出版商、大眾和自己，喬治·艾略特不得不揭示自己的身分。

很多人都曾寫出不錯的作品卻從未獲得過聲望，只有極少數人能像紐尼頓的里金斯先生這樣，從未做過任何事情卻聲名顯赫。這種類型的人在華威郡有著悠久的歷史，莎士比亞可能就是在說他們這些人：「世界上有一種人，故意顯示他們的冷靜，好讓人家稱讚他們既有智慧又很深沉，思想淵博。」

在一份可信的文獻中，艾克頓公爵於「19世紀」的標籤下進行了如下陳述：

「喬治·艾略特為了與路易斯幸福地生活而付出了高昂代價。她喪失了言論自由、在英國婦女中出類拔萃的地位以及安葬於西敏寺的榮譽。」

而《亞當·柏德》中原始的扉頁則是這樣寫的：

「致我親愛的丈夫，喬治·亨利·路易斯，我把這份原本不可能寫成的作品手稿獻給我生命中因他的愛而生的幸福。」

阿克頓公爵一定在假設，即使艾凡斯小姐沒有遇到路易斯先生也能寫出這本書。

曾經有一個名叫羅莫拉的小女孩，她有一天坐在父親的膝蓋上對他說道：「爸爸，誰會關心我呢？幫我洗澡、在夜晚抱我上床 —— 如果你從來沒有遇見過媽媽的話？」

我在華威郡度過了一段非常愉快的日子。

鄉村的平和美麗還有人們親切的善意都讓我深受感動。探訪過喬治·艾略特童年的故鄉後，我希望能夠看看她度過最後時光的地方。於是在晴朗的 5 月，我乘坐小汽船從倫敦橋前往切爾西。

從透納去世的昏暗的磚房上方傳來鳥叫。離卡萊爾的老家兩個街區就是切恩道 —— 一條正對著河的寬闊大道。房屋都很古老，但是它們看上去有一種文質彬彬的親切感，傳遞出安逸和富足的資訊。高大的鐵柵欄擋在房前，但是它們遮不住聚生在窗戶和門前的攀爬的鐵線蓮和成簇的玫瑰。

我在切恩道 4 號前停步，為這些美麗的花在漫不經心中富有藝術感的鋪展開來而讚嘆不已，隨後我敲響了帶有光潔把手的古老的拉出式門鈴。

不久後管家打開了門——一位傲慢、嚴肅的高個子管家，穿著黑色衣服，蓄著絡腮鬍子。他慢慢走近，一串鑰匙隨著他的步伐搖擺。他上下打量著我，想看出我打算販賣什麼商品。

「喬治‧艾略特住在這裡嗎？」我隔著門閂問道。

「克羅斯夫人居住在這裡，也在這裡去世。」我得到了莊重而帶有譴責意味的回答。

「我是說克羅斯夫人，」我趕緊附和說，「我只是想看看她曾經耕種過的小花園。」

基姆斯的態度軟化下來，打開了門鎖後他說：

「我們有很多訪客，一個大麻煩，先生。儘管如此，我總是能看出一個人是不是紳士。可能您也會喜歡參觀一下房屋。夫人不太喜歡，但是我需要您的名片。」

我給了他自己的名片，在接過他從門廳拿來的椅子時順便把一先令也放在他手裡。

他消失在了樓上，又很快返回並帶來了令人高興的消息，我被允許參觀整個房子和花園。因此我原諒了他虛構夫人在家的事實，我偶然發現當時她正在 60 英里外的布萊頓。

這是一幢美好、舒適的房子，共有四層，維護得很好，在餐廳和走廊有大量精工雕刻的舊橡木家具，有古怪的老式欄杆，在二層後部還有一扇可以俯瞰整個小花園的罕見的飄窗。北方遠處可以看見肯辛頓花園的綠茵和起伏的海德公園。這裡

第一章　喬治‧艾略特 GEORGE ELIOT

是喬治‧艾略特的工作室。房間正中有一張桌子，房中還有三個擺放著優美裝飾品的矮書架。在凸窗那裡是房間裡最引人注目的事物——精巧的大理石歌德半身像。我被明確告知這東西是屬於克羅斯夫人的財產，房間內的書籍和家具也是如此。

在某個角落裡是一個可旋轉的箱子，裡面裝著一套《世紀詞典》，基姆斯向我保證這是克羅斯先生在妻子去世前不久為她購買的禮物。這導致我的信念有了些許動搖，想要逃離這種可能不久後在一首十四行詩中成形的文學上的迷亂。

在前會客廳裡，我看到了一幅前所有者的肖像，「一張好像馬一樣的臉孔」，但是這比面對其他我所熟悉的動物還是要好一點，顯然沒有人希望自己看起來像一條狗。莎士比亞憎惡狗，但卻在劇本裡 48 次提到了對馬的尊重和喜愛。他可能不會反感形容一個人長得像綿羊、山羊或公牛。因一個人說另一個人是蠢驢而導致的流血已經夠多的了，是的，願上帝保佑你。

沒有人曾經說過喬治‧艾略特長得漂亮，而這幅肖像展現了一個 50 歲女人的形象：冷靜、文雅，硬朗的面容揭示了主人的靈魂特徵。

在海格特公墓，緊挨著路易斯的墳墓，安息著這位偉大而可愛的女性。對於一名進入這塊著名的古老墓地的朝聖者來說，首先留給人深刻印象的是一個由罕見、昂貴的斑岩製成的金字塔紀念碑。如果你走近，會看到如下的銘文：

「深深悼念離開人世的安‧約森‧克雷斯普。1889 年 1 月 20 日。她的狗，安普爾也葬於此。」

在這些悼文下是關於令人無比厭惡的狗稅的淺浮雕。

沿著大道前行，把前述的紀念碑拋在身後，一個友善的老花匠會帶你到另一塊被其他做作的墓碑圍繞的紀念碑前——這是一個小小的灰花崗岩圓柱，在上面雕刻有小寫字母，你會看到：

「那些不朽的逝者，他們在我們心中的形象比生前更加鮮活。」

這裡安眠著喬治‧艾略特的軀體。生於 1819 年 11 月 22 日，逝於 1880 年 12 月 22 日。

第二章
白朗寧夫人
ELIZABETH B. BROWNING

> 整整一天我都在牧場，採集芬芳的花束給你；在五月清晨的田野裡忙碌，我的心像小鳥和蜜蜂一樣歌唱。
>
> ——《無法挽回》

傳記作者們通常都會用令人吃驚的開場白來開始他們的長篇大論。「這本傳記的主題誕生了」，接著是日期、地點以及甘普夫人 [001] 趣聞軼事 —— 這算是「正式啟動」的準備工序。

　　快樂的安德魯・朗格 [002] 並不贊成那些千篇一律的傳記。

　　我相信正是他認為，為了保險起見，只要設想主角已經出生就好，至於時間地點就不那麼重要了。但是這個天真漢錯了，因為時間和地點往往是命運的主人。

　　對我而言，我更傾向於用老套路來開頭。但我不會告訴你們伊莉莎白是什麼時候、在哪裡出生的，因為我不知道。而且我相當確信，就連她的丈夫也不清楚。那些百科全書有的說她生於倫敦，有的說是在赫瑞福郡，那只不過是因為作者們打從心裡認為，天才應該在小鎮或鄉村降臨。有一個人固執己見地認為，白朗寧夫人是在赫普恩德出生的，他的觀點備受爭議。他立即在《公報》上刊登了一封信，來制止爭論繼續：「如果像你們認為的那樣，天才都出生在大城市，那畫眉鳥也會在弗利特街 [003] 的公共汽車上築巢了。」對此人的激情我表示遺憾，我想

---

[001] 英國作家查爾斯・狄更斯 (Charles Dickens, 1812-1870) 小說《馬丁・朱述爾維特》 (Martin Chuzzlewit) 中的人物，是狄更斯筆下的代表人物。

[002] 安德魯・朗格 (Andrew Lang, 1844-1912)，英國著名文學家、歷史學家、詩人、民俗學家。朗格以研究神話、民間傳說聞名於世。他認為透過民間傳說中的驚異和恐怖故事可以看到人類過去真實的痕跡。他於西元 1889 年刊行《藍色童話》 (Blue Fairy Book)，直至 1907 年，陸續編輯出版了《綠色童話》(The Olive Fairy Book)、《紅色童話》(The crimson fairy book)、《黃色童話》(The Yellow Fairy Book) 等十一部《安德魯朗格彩色童話集》。

[003] 倫敦中心的街道，為幾家大報館所在地，舊譯「艦隊街」。

說他可能是一個東方教徒，並用那種信條來為事物選擇時間和地點。

經白朗寧先生認可，瑞奇夫人[004]宣稱白朗寧夫人的出生地是特勒姆[005]的伯恩府，時間是西元 1809 年 3 月 6 日。作為回應，約翰·英格蘭姆[006]找來了一份西元 1809 年 3 月 14 日的《泰恩河信報》，並引出報上的文字：

「愛德華·巴雷特的妻子在倫敦生下女兒。」

後來白朗寧先生帶著無可爭辯的事實出面了，「報紙很少尊重真相，」他補充說，「我妻子於西元 1806 年 3 月 6 日生於卡爾頓府，她叔叔的住所。」有人會想這回爭論應該到此為止了吧，但並非如此。因為英格蘭姆先生犀利地反駁道：「卡爾頓府不在特勒姆，而在約克郡。而且我得到了確切的消息，直到西元 1810 年之後，那裡才成為 S·摩爾頓·巴雷特的住所，因此白朗寧先生的觀點無法成立。西元 1806 年愛德華·巴雷特還未滿二十歲，幾乎沒有可能是兩個孩子的父親。」所以這個問題依然未解。對此我已經說了很多，應該開始進入主題了。

伊莉莎白·巴雷特在赫瑞福郡的赫普恩德，一個靠近萊德貝瑞的地方度過了她的早年生活。我拜訪了那裡，因此我生命的長度也延長了好幾天，因為阿拉真主並不把追逐的時光算在生

---

[004] 安妮·薩克萊·瑞奇 (Anne Thackeray Ritchie, 1837-1919)，英國作家。

[005] 位於英格蘭東北部。

[006] 約翰·英格蘭姆 (John H. lngram, 1842-1916)，英國作家，寫過白朗寧夫人的傳記。

命應有的長度中 [007]。一位很有名的牧師曾經描寫過赫普恩德，我當即就被他的文風深深吸引了。這位紳士的措辭非常清澈雅致，並充滿力量，我一定要在這裡逐字引用：「居民的房屋坐落在大自然精心修造的連綿起伏的山坡上，展示著讓人驚嘆的和諧。優美繁茂的樹木，以最不經心卻賞心悅目的次序排列著。公園絕佳的地理位置讓歡快的觀賞者能夠盡情欣賞它所呈現的最愜意的畫面。」現在你感覺到了吧！

　　伊莉莎白 20 歲以前都在這裡生活。她沒有童年 —— 童年像是在她的生命中缺席了，取而代之的是希臘文法的學習。對於她的母親，我們知道的很少。她從來不被提及，關於她的資訊資料也無從查閱。她悄無聲息地傳達著我們無從得知的願望。她，像一個黯淡的影子，滑過日記的紙頁。丈夫的意志對於她來說就是至高準則，他的隨性無常都成為她的道德標準。我們只知道她是一個憂傷的女人，經常患病，她生了 8 個孩子。在婚姻生活的第 16 個年頭，她離開了這個世界，不曾帶走別人的眼淚、尊重和稱頌。

　　伊莉莎白‧巴雷特和莎士比亞有著數目相同的兄弟姐妹。和莎士比亞家不曾走失的孩子們一樣 [008]，我們對其他被遺忘淹沒的七個巴雷特家的孩子，也所知甚少。

---

[007] 阿拉伯人認為追逐的日子不會算在生命本來應有的長度中。於是他們跑步、打獵、射箭、航行等等。在這裡 Ali 是 Allah（阿拉真主）的變體。

[008] 此處引用了聖經中關於走失的羊的典故，牧羊人有 100 隻羊，有一隻走失了，他翻山越嶺歷盡辛苦地找到了這隻羊，然後對這隻羊說：「比起那沒有走失的 99 隻羊，我更加愛你。」

愛德華‧摩爾頓‧巴雷特對女兒伊莉莎白有一種狂熱的、激情的、帶著嫉妒心的關愛。當她還是個嬰孩時，他就親自擔當起教育她的任務。他是她的忠實夥伴、家庭教師、顧問和朋友。6 歲時，她開始學習希臘文，9 歲翻譯希臘詩歌。巴雷特熱衷於這樣的事情，他的要求越來越嚴厲，像德拉古[009]制定的法律一樣苛刻，讓小女孩把時間用於學習。可想而知，孩子的健康被毀了。13 歲的時候，她已出落成一個光芒照人的美麗精靈，或者說她本該如此，可是難道我們察覺不出處於這美麗形態下的苦痛酷刑嗎？怪不得有人曾經發問：「那時的防止虐待兒童協會在哪裡？」

但是這個勇敢的精靈並不抱怨。她有著和父親一樣堅強的意志，她會帶著斯巴達人[010]的驕傲去做他要求的更多的事情。她學習、寫作、翻譯、閱讀並思考。

為了鼓舞和激勵她，巴雷特先生出版了幾冊她的詩集。那還是些不成熟的、帶著書生氣的作品，不過已經靈光初現，並預示著將要到來的一切。

休‧斯圖亞特‧博伊德的到來是伊莉莎白人生中的一個轉捩點。他是一位敏感出色的天才詩人和頗有名望的希臘學者。他接

---

[009] 德拉古（生卒年不詳，一般被認為是西元前 7 世紀）是古希臘政治家、立法者。他曾統治雅典，於西元前 621 年整理雅典法僧，並寫出一部完整的法典。該法典因限制貴族的違法亂紀而受到一部分人的歡迎，但該法極其殘酷，規定所有罪行均處死刑。後人常用德拉古式（Draconian）一詞來形容嚴酷刑律。

[010] 斯巴達，古希臘城邦之一，崇尚軍事化制度，男孩年滿 7 歲即要接受嚴格的軍事訓練，女孩則需接受體格訓練。

受了巴雷特先生的邀請，成為伊莉莎白的家庭教師。出於內科醫生的建議，小女孩不得不待在床上養病，而博伊德就是個盲人。

他們立刻就感到惺惺相惜。毫無疑問，單調生活中的這個插曲帶給這位年輕美麗的女孩新的勇氣。溫雅的失明詩人放寬了她嚴格的學習時間，他們用談心代替深究那些陳腐的書冊。他坐在她旁邊，握著她瘦瘦的小手（因為盲人透過觸覺來感知）。他們會談上幾個小時，即使有時只是沉默也很愜意。她為他朗讀，他為她背誦，因為他有著荷馬 [011] 一般的記憶力。她的健康逐漸恢復，醫生們說如果她能有規律地服藥，而且沒有下床當盲人的嚮導到處走的話，她應該早已經痊癒了。

從那首致博伊德的美好詩篇〈賽普勒斯的葡萄酒〉中，我們可以看出她對他的仁慈充滿了感激之情。沒有什麼葡萄酒能比得上友誼之酒，愛就是友誼 [012]。沒有什麼比友誼更「有益身心健康」了。

「地獄是分離，天堂只是朋友們再聚首的地方。」

巴雷特先生將財產投資在了牙買加的甘蔗種植園上。黑人解放運動後，他的財富也不翼而飛了。他不得不離棄多姿多彩的鄉村家園，了斷舊日關係，舉家遷往倫敦。伊莉莎白還得待在她的床上。她的床墊四個人抬起都很費力，而她，一個人就

---

[011]　荷馬（約西元前 9- 前 8 世紀），古希臘盲詩人。編寫過長篇敘事史詩《伊利亞德》（*Iliad*）和《奧德賽》（*Odyssey*）。

[012]　以及其他一些東西。

足以抬動，因為據說她只有 85 磅 [約合 39 公斤。（1 磅＝ 454 克）] 重。

克萊伯·羅賓遜 [013]，一個無所不知無人不識的人，非常推崇一位名叫約翰·凱尼恩的人。他在一些資料裡對凱尼恩先生有過這樣描述：「他有一張本篤會 [014] 僧侶的臉、一種與時俱進的才智、一顆慷慨的心和一條像阿爾卑斯山上奔流的小瀑布一樣的舌頭。」

一把有較好材質的剃刀，不見得比一把有完美鋒刃的剃刀更好用，一把被磨練過，而另一把則沒有。我非常確定寫得最好的人不見得必須知道得最多，命運為他們裝上了鋒刃 —— 就是這樣。給一塊石頭適當的一腳就可以讓它開始滾動，否則它就一直那麼待在山腰上。

凱尼恩就像這種待在山腰上的石頭。他涉獵詩歌、撰寫書評、收藏限量版書籍、出席首場演出，還神祕兮兮地談論他所做的「東西」。有時他會推心置腹地對他的女士朋友們說，在它成形之後，他打算將它展示出來，並向她們尋求建議等等。這種人很少會拿出他們的東西，因為他們從來沒有讓它真正成形過。當他們談到自己正在寫的一本小說時，其實小說還在墨水瓶裡呢。它還會留在那裡 —— 只欠缺那適當的一腳 —— 不過或許也無傷大雅。

---

[013] 克萊伯·羅賓遜 (Crabb Robinson, 1775-1867)，英國日記作者。

[014] 本篤會是天主教的一個隱修會，又譯為本篤會，是在西元 529 年由義大利人聖本篤在義大利中部卡西諾山所創，遵循中世紀初流行於義大利和高盧的隱修活動。

然而這種友善的人也是這個社會中非常有益的成員，和那些殫精竭慮來創造作品，偶爾帶來一些精美的激情之作以取悅朋友的人們相比，他們是更讓人愉快的同伴和更佳的交談對象。約翰·凱尼恩也寫過一些有靈氣的小作品，不過他最好的作品是他帶給別人的鼓勵。他「覓獵」出所有的文學菁英名流，並用他從容的目光「馴服」他們。他們喜歡他的興高采烈和孩子般的天真話，而他喜歡他們的原因則有許多──其中之一就是他可以告訴他們他曾給出過怎樣的建議，然後走開。他也「餵養」他們。

　　在這方面凱尼恩無人可比，他為自己贏得了「名流飼養員」的頭銜。此時，空閒好學、富有且慷慨的約翰·凱尼恩在一些雜誌上看到了伊莉莎白·巴雷特的幾首優秀小詩，他也得知她已經出過幾本詩集。凱尼恩先生買了其中的一冊，託人帶給巴雷特小姐，並附上一張小條告訴她他多麼地喜愛這些詩，希望她能把她和他的名字寫在書的底頁上，再讓送信人帶回。當然，對於這個表達得如此溫文爾雅的謙虛請求，她照做了。這帶給詩人的靈魂莫大的安慰。接著，凱尼恩先生拜訪了巴雷特小姐，感謝她的簽名。不久之後，他寫信告訴她一個他剛剛發現的驚人的事實──他們是親戚，雖然不是近親，但仍算得上是表兄妹。後來的幾個星期裡，他們的信箋都以「親愛的表哥（妹）」來起頭。

　　我對兩個孤獨的年輕人有這樣的親緣關係感到高興。他們

抓住了這個機會，因為它帶給他們一個將適當關係變為更加親近的關係的理由。天哪！他不是她的表哥嗎？他當然可以隨時前去拜訪，那是他的權利。

但是在這裡請允許我解釋一下，那會的凱尼恩先生已經不是那麼年輕了——確切的說，他根本就不是年輕人，他已經 50 歲了。不過真正愛書的人通常都有年輕的心。凱尼恩的父親留給他一筆財產，他的人生道路一帆風順，他也不去自尋煩惱。他穿著年輕、相貌年輕、行為年輕、感覺年輕。

毫無疑問，約翰·凱尼恩真誠地欽佩伊莉莎白·巴雷特，也珍視她的作品。而她對他的了解要遠遠多於他對她詩歌的理解。對他的親切關懷和善意讚美，她心懷感激。他找更好的雜誌發表她的詩，找更好的出版社出版。他自己不是一個天才詩人，但是追隨天才帶給他一種藝術方面的滿足感；他自己寫不出卓越的詩篇，但是他可以告訴別人怎樣才能做到。巴雷特小姐把自己的作品給他看，凱尼恩先生會建議她哪些地方應該再大膽些，哪些地方應該再突出些。他還買了新型的稿紙給她——拜倫[015]也過用這種，鵝毛筆會在上面高興地跳舞。不過最棒的是凱尼恩先生把他的朋友們介紹給了她，他們大都極賦文學才華。和這些偉大思想的接觸，對這個小女士來說無疑是巨大的幫助。她像被領入了一間大屋子，在那裡她可以盡情地夢想。

---

[015] 喬治·戈登·拜倫（George Gordon Byron, 1788-1824），傑出的英國浪漫主義詩人。

瑪麗·羅素·米特福德 [016] 在當時來到了倫敦，不用說，約翰·凱尼恩「覓獵」到了她，他帶著她四處觀光。她也是 50 歲。她把自己說成是年老的少女，但不允許別人這麼說她。朋友們一直稱呼她為「小米特福德小姐」，不是因為她小，而是因為她表現成這樣。凱尼恩先生希望展現給富有激情的小米特福德的另一美景，就是寫詩的巴雷特小姐，所以他們一起探望了她。

　　小米特福德小姐看著那張在黑色遠髮下的有些蒼白的臉 —— 那張臉正埋在枕頭之中，她彎下身子說：「這真是美好的一天。」然後湊過身去親吻了巴雷特小姐。這兩個女人攥著對方的手不停地交談，直到早已坐立不安的凱尼恩先生暗示該離開了。

　　巴雷特小姐已經兩個月沒出過門了，不過現在他們堅持要帶她出去看看。馬車已經在門外等候，他們小心地攙扶著她。凱尼恩先生要親自駕車，以保證不會發生事故。一旦她感到疲憊，他們就會立即送她回來。於是這三個人出門了，凱尼恩先生駕車，沒有發生任何危險。

　　我可以想像得出，那天交出韁繩的馬車夫詹姆士心裡一定忿忿不平。安全檢查過後，凱尼恩先生就駕著馬車緩緩地向公園駛去。小米特福德小姐忘記了她的許諾，喋喋不休，而那位「秀美的白瓷女士」則一次次地撩起她的黑色捲髮，寬容地點頭應和。

---

[016]　瑪麗·羅素·米特福德（Mary Russell Mitford, 1787-1855），英國小說家、劇作家。

不久以前，我拜訪過格洛斯特廣場 75 號 —— 巴雷特一家居住的地方。那是一幢樸素的實心磚房，就像在倫敦的其他一萬所富足商人居住的房子一樣。房子當時的主人從未聽說過巴雷特一家，自然也不會是白朗寧俱樂部的會員。我被告知如果我想了解這個地方的任何事，就應該向「代理人」申請，他的名字叫奧普金斯，他的辦公室在弗利特街那邊的柯利弗德法庭。從小米特福德小姐在一側、凱尼恩先生在另一側輕扶著巴雷特小姐下床並走上馬車的那一天起，到現在已經有 50 年了，那幢房子大概一點都沒有變。

我在格洛斯特廣場四周閒逛了一個小時，忽然發現我正被各式各樣的人暗中尾隨，而更遠處還有一個警察正準備過來查探究竟，於是我離開了。

那晚的出遊之後，小米特福德小姐寫了一封家信，在訴說其他事的同時她寫道：「我今天拜訪了巴雷特先生的家。他的大女兒差不多 25 歲，她一直被脊椎疾病所困擾，但卻依然是一個迷人甜美的年輕女孩。我讀法文著作，她讀希臘著作。她出版過一些埃斯庫羅斯 [017] 的譯著和一些引人注目的詩作。她真是一個讓人喜愛的可人兒，羞澀並且謙虛。」

第二天，為了表達敬意，凱尼恩先生邀請小米特福德小姐共進了晚宴，她曾寫過一本偉大的書 ——《我們的村莊》

---

[017] 西元前 525 年出生於希臘阿提卡的艾盧西斯，他是古希臘悲劇詩人，與索福克里斯和尤里比底斯一起被稱為古希臘最偉大的悲劇作家，有「悲劇之父」、「有強烈傾向的詩人」的美譽。

（*Our Village*）。當晚，小米特福德小姐像往常一樣寫信給在故鄉的家人，訴說她在這邊的融洽生活。她描述了那次晚宴：「可敬的老詩人華茲華斯[018] 曾經來過這裡，還有瓦特·薩維吉·蘭德[019]──同凱尼恩先生一樣傑出的人，只不過少了幾分甜蜜和同情心。但是，最好最迷人的還是巴雷特小姐，她翻譯了最難翻譯的希臘戲劇《被縛的普羅米修斯》（*Prometheus Bound*）。她也寫出了最精美的詩，幾乎涵蓋了當代的每一種風格。她是如此甜美溫柔，如此漂亮，在人們眼裡她就像一朵奪目的花。」在另一封信裡小米特福德小姐還寫道：「她的身段纖細優美，捲曲的黑髮像瀑布一般在那最生動的臉的兩側垂落，黑色豐美的睫毛修飾著溫情脈脈的大眼睛。她的微笑好似太陽的光束，我很難說服朋友相信有著這般青春面容的她，就是埃斯庫羅斯的譯者和《心靈隨筆》的作者。

　　小米特福德小姐回到家鄉後，幾乎每天都會寫信給巴雷特小姐。在信裡她稱呼她為「我甜蜜的愛」、「我最親愛的甜心」和「我最甜蜜的寶貝」，她宣稱她是最溫柔、最堅強、最明智、最高貴和人類中最超凡脫俗的人。不僅如此，她還把這些話寫給其他人，並以評論的形式發表。她給了伊莉莎白·巴雷特很多的好建議，但也有一些沒那麼好。在信中她說：「我親愛的，妳唯一的錯誤就是隱晦，妳必須簡單直白。想想妳認識的最愚鈍的

---

[018]　威廉·華茲華斯（William Wordsworth, 1770-1850），英國浪漫主義詩人。
[019]　瓦特·薩維吉·蘭德（Walter Savage Landor, 1775-1864），英國詩人和散文家。

人，只要妳把話說得足夠清楚，確定他會理解，那妳就大可期待其他人也都會理解。」

我不認為這個建議會讓巴雷特小姐將她的作品水準降低到她認識的最愚鈍的人可以理解的標準。她繼續按她選擇的方式寫作。對小米特福德小姐熾熱的友情她心懷感激，對那些漂亮的讚美之詞她也接受，儘管它們帶著敘拉古[020]產品的水分。

自然會有一些愚蠢的人認為熱情洋溢的女人是膚淺的，這幾乎成了定論。最近有一本小說為我們展示了一個「高大士兵」的形象，那是一個在軍營裡愛說大話愛叫囂的人，我們十分確定當戰鬥打響時，這種管不住自己嘴的人會被證明是一個徹頭徹尾的懦夫，我們料定他一聞到硝煙味就會立即逃跑。但是我們錯了，他屹立在那裡 —— 當軍旗倒在人流中，是他勇敢地扛起它，遠遠地衝在最前方。當他回來的時候又帶著另一面旗 —— 敵人俗氣的紅色軍旗！

我在這裡說這些只是想告誡那些草率下定論的人他們錯了，愛說話的人不一定就有一個空洞的大腦。人的天性有很多面，好比月亮的盈虧一樣，只在特定的時刻呈現出特定的狀態。而且就像月亮的另一面是我們在地球上永遠無法看到的一樣，人類也會無意地隱藏起靈魂中的某些方面。

在所有和她有書信來往的人當中，巴雷特小姐似乎寫了更多也更長的信給小米特福德小姐。她了解這個不穩重的女人的

局限性，只跟她談些她所能理解的事情。

　　而在寫給理查・合恩的信中，她暢所欲言地展示了自己的最佳才智。她和這個多才多藝的男人保持了很多年的通信。她的信現在已經出版，足有厚厚兩大卷，可以作為研究那個時代的文學的歷史資料。冒著被指責缺乏品味的風險，我想說對我而言，巴雷特小姐的這些信比她的長詩更有吸引力。它們展示出作者很多側面的特質以及在不同情緒下的思考方式。詩以一種苛刻的形態存在，它永遠不允許作者穿著睡衣和拖鞋出現，也不允許其在保持高貴形象的同時還能靠著欄杆呼喚鄰居。

　　合恩是一個作家、編輯和出版商。他中間的名字是亨利，但是出於一種文人喜歡亂編名字的古怪癖好，他把亨利改為亨吉斯特，就是我們現在看到的 R・亨吉斯特・合恩。他為巴雷特小姐的「商品」找到了一個市場。更確切地說，他堅持認為她應該為他感興趣的出版物寫些合適的東西。他們合作寫了一些書。他們很少見面，他們之間獨特的通信方式成了一種美好的友誼調味劑。他們彼此鼓勵也相互批評。他們用機智詼諧的諷刺和詭辯來指責對方，甚至有時空氣裡也充滿了嘲弄。爭吵像從地平線上騰起的烏雲，但是暴風雨總是會在如溫和小雨般清爽的稱讚中過去。

　　那段時間裡，英俊、高尚、友善的約翰・凱尼恩也不時地出現。

　　大多數時間，巴雷特小姐就生活在灰暗的房間裡，每天只

是見到她的父親、醫生和護士。財富又一次對愛德華·巴雷特露出笑容 —— 他繼承了一筆遺產。儘管他不再是牙買加黑人的主人，但他們又重新開始為他工作了。甘蔗園已不像以前那麼大了。

才華橫溢的女兒絢爛地綻放她的才智，她已經超過了她的老師。她超出了太多，他需要她等等他。他能閱讀希臘文，而她，用希臘文寫作已經不在話下。但是她更願意用她的母語，每一個學者都應如此。此時的巴雷特先生開始嫉妒他女兒的名聲。父親對女兒、母親對兒子的熱情裡常常有一種情人般的情結 —— 奇怪的念頭！巴雷特小姐灰暗的房間已經被點亮了，那裡有一束粗魯的大商人所無法企及的光。寂寞、孤獨、痛楚的身體和飢渴的心已經教她領悟到書本不曾記載、家庭教師不會知道的一些事情。父親猜不透她。「她的暗示是那麼朦朧，」他說，「孩子般任性的朦朧。」她變得越來越乖張了。

愛有時是一種痛。為了減輕傷害，一個人會傷害他所愛的人。他會糾纏她、壓迫她、挑釁她，再進一步也許他會殺了她。

愛德華·巴雷特的女兒啊！一頭烏黑捲髮、處事溫和的她，已經到達了另外一處，在那裡父親的愛不再是她生活的全部。嫉妒是趕走愛的一種好方式。幾年前他就知道這一天會來臨，他念念不忘，直到它終於來臨。她的名望在增長，有人稱她是女版的莎士比亞。剛開始，是她父親投資出版她的詩集；接著，出版商開始願意承擔這個風險；而現在，那些傳信者們拿著鈔

票等在門口要用它換來手稿。約翰‧凱尼恩說：「我對你說過會如此吧。」但是愛德華‧巴雷特卻一臉愁容。他愚蠢地非難她，他開始對她指手畫腳。他甚至和她爭吵，以減輕他心裡因愛而產生的刺痛。

可憐纖弱蒼白的詩人！成功並沒有帶給妳任何東西！妳的思想，可以去做偉大的演講，但卻墜入了遲鈍的耳朵。即使是妳的父親，這個教妳第一次握筆的人，也不理解妳！妳尚未體會到身為一個母親的愛，而沒有愛的名望只有不育般的空洞！天堂是妳的家，讓妳纖白的手滑過生命之線，滑出乾涸的淚河，滑向未知。沒有更好的出路了 —— 上帝知道！用妳不安的靈魂譜寫詩篇，放棄妳那徒勞的希冀吧。看！纖弱的女人，妳的青春流逝了。再近些看！那灰白的髮已悄然而至，憂慮在妳的臉上雕出紋路，我看見妳血管裡流淌著冬日的河流！世界只為妳留下一片虛無。來吧，拿起妳的筆，寫下最後的告別，一個妳孤獨時說不出口的虛弱的永別。然後，合上妳瘦弱的手，祈求平和，遠遠地、遠遠地離開 —— 只有上帝知道！

伊莉莎白‧巴雷特這時已經 37 歲了。小米特福德小姐從故鄉來到倫敦逗留了幾天，她在寫給家人的信中說：「她已經失去了那迷人的美麗。」

約翰‧凱尼恩也 60 歲了，但是他仍然洋洋自得地活著。他穿著繡著玫瑰花蕾翻領的得體外套，那是用上等的亞麻布料做成的。在人們眼裡，他唯一的變化就是用老花鏡代替了他考究

的單片眼鏡。

醫生准許凱尼恩先生隨時探訪巴雷特小姐，因為他從不待得太久，也從不帶來壞消息。

那個年代最偉大的女詩人這時結識了白朗寧 —— 寫詩的羅勃特‧白朗寧了嗎？當然沒有，她從沒見過他，不過她聽說過他。她讀過他寫的所有東西，他也曾寄過自己的書給她。他是個有才華的人 —— 強大又有遠見！據說他和僧侶們在一起，住在義大利。英國人沒有更好地賞識他，這是多麼讓人遺憾的事情啊！

「不過他會成功的，」凱尼恩先生說，「他還不老。」

「哦，當然，這樣的天才總有一天會被賞識的，不過那或許是他已經不在人世的一天。你剛說他多大了？」

凱尼恩先生並沒有提起過他的年齡。不過現在他告訴她，白朗寧先生 34 歲，也就是說，和她是同齡人！此外，白朗寧先生現在不在義大利，而在倫敦。實際上，一個小時前凱尼恩先生剛剛和他共進了午餐。他們說起了巴雷特小姐 —— 難道還有別的女人值得他們在那裡談論？白朗寧先生表示自己想見見她，凱尼恩先生則說他應該見見她。很好，如果此時巴雷特小姐也表示她願意並希望白朗寧先生來看望她，讓凱尼恩先生現在就去把他接過來，那他又何樂而不為呢？ —— 管它有沒有醫生在場。

於是他帶來了他。

　　我真為他們感到高興，你呢？

　　羅勃特・白朗寧完全不是一個典型的詩人。他個頭不高，體格強健結實。他年輕時是摔跤運動員，獲得過很多桂冠──只是不同於他將要獲得的詩人桂冠。他給人的整體感覺是很沉穩，靜止時他的臉沒有什麼活力，眼神中也沒有靈光。他穿著寬鬆簡潔的灰色衣服，戴著一頂寬邊軟帽，腳下是一雙厚底的皮鞋。乍一看，你也許會覺得他是一個衣食無憂、收入頗豐的鄉紳。進一步地接觸後，你會被他的尊貴、他的優美姿態和良好修養所打動。如果對他了解足夠深的話，你會發現在看起來冷冰冰的外表下，有一個天性敏感溫柔的靈魂。然而他不是那種喜歡外露的人，他的內心和外在都整潔健康，富有男子氣概。他是他自己的主人。

　　善意的讀者，你一定覺得接下來該是溫情的戀愛場景了。要是我正在講述彼得・史密斯和擠奶女工瑪莎的生活故事，你也許是對的。

　　但是，羅勃特・白朗寧和伊莉莎白・巴雷特的愛情卻是神聖激情的範例。脫下你的鞋子，因為你現在站在聖地上！這個男人和這個女人已經遠遠超越了青春期愛戀的青澀衝動。這是一組幾近完美的才智與靈魂的結合。我無法想像怎麼能把「求婚」這樣的字眼荒謬地用在他們身上，我也無法理解猶豫和羞怯會如何引發那決堤般的「示愛」。從相遇的對視，他們就已經在

對方的眼中讀出了彼此的命運：沒有羞怯、沒有虛飾、沒有防衛 —— 他們相愛了。他們即刻便從對方那裡找到了彼此的心靈棲息之地，也找到了自己。

優美精緻的《葡語十四行詩集》，寫於伊莉莎白結婚之前，後來她把它送給丈夫。通篇她都在用輕柔（或悄無聲息）的詞語一遍又一遍地對他訴說她眼裡所見到的、她的手所感覺到的，沒有任何羞愧和困窘。

似乎在前面我曾說過友誼在本質上是「有益身心健康」的。我想在此重申，神聖的激情意味著人類所能想像出的最崇高的友誼形態。

伊莉莎白·巴雷特越出了陰影，敞開了門窗。陽光跳著舞蹈進入她的房間，席捲每一個黑暗的角落，驅走了所有隱藏的陰霾 —— 那裡從此不再是一個灰暗的房間了。

醫生感到不平，護士失業了。

小米特福德小姐在家信裡也這樣說道巴雷特小姐：「這麼多年了，她真正地好了起來。」

至於可憐的愛德華·摩爾頓·巴雷特，他大發雷霆，設法找羅勃特·白朗寧吵架。如果白朗寧是一個乳臭未乾的愣頭小子，那麼結局就是他早被踢出門外了。但是白朗寧有著冷靜的情緒、平靜的眼神和沉著的脾氣。他強硬的意志和巴雷特先生不相上下。

於是這就演變成了一場私奔 —— 畢竟是件浪漫的事。一天，在巴雷特先生出門的空檔，他們搭上一輛馬車去瑪麗萊本教區教堂成了婚。新娘獨自回家，一個星期後他的丈夫才來見她。他不願做一個偽君子，並用巴雷特這個姓來找她。他來了，拉響門鈴說要求見伊莉莎白·巴雷特·白朗寧，沒有人明白他要找的是誰。在那個星期快要結束的時候，新娘偷偷地跑了出來，牽著她的狗，在街角與她的丈夫會面。第二天，在經歷了「格雷特納格林[021]的古老優良風俗」之後，他們從加萊[022]寫來一封信，渴望並請求得到諒解和祝福。但是愛德華·摩爾頓·巴雷特沒有原諒他們，誰又會在乎呢！

　　我們在乎，我們為巴雷特先生感到遺憾。在很多方面，他如此堅強、有男子氣概，卻無法接受這樣崇高的愛情。那些只知道守護著憤怒的老人只能有可悲的見識。為什麼巴雷特先生無法以約翰·凱尼恩為榜樣呢？

　　凱尼恩博得了我們的同情和欽佩。據說當他得知羅勃特·白朗寧和伊莉莎白·巴雷特遠走高飛時，他像是一個受了巨大打擊的悲傷的年輕人一樣哭泣，幾個月都沒有露過笑容。一年後，他去佛羅倫斯拜訪了他們幸福的家。約翰·凱尼恩過世的時候留下了 5 萬美元，他這樣寫道：「留給我心愛的朋友們，羅勃特·白朗寧和伊莉莎白·巴雷特 —— 他的妻子。」

---

[021]　蘇格蘭最南部的一個小村子，最早因私奔者去那裡結婚而聞名。
[022]　法國北部港市。

過去的小說家總是把他們的情侶留在教堂門口，因為寫得再長遠一些就可能會有意外發生 —— 他們希望故事有一個快樂的結局。我們似乎更適宜在教堂就跟新娘和馬車夫告別 —— 生命也常常在那裡終止。可是，有時那裡也是生命真正開始的地方。就像伊莉莎白·巴雷特和羅勃特·白朗寧 —— 之前他們僅僅是存在過，現在，他們才開始他們的人生。

　　關於白朗寧夫婦夢幻般的完美結合以及後來他們在義大利的生活已經被書寫過太多太多。我為什麼還要寫那些喬治·威廉·柯蒂斯、凱特·菲爾德、安東尼·特洛勒普和詹姆斯·菲爾德[023]已經寫過的事情呢？不，還是讓我們把歡樂的氣氛留在瑪麗萊本教區教堂的聖壇吧。當鳴響的風琴奏起婚禮進行曲時，我們輕輕地走了出來。

---

[023] 喬治·威廉·柯蒂斯 (George William Curtis, 1824-1892)，美國作家、演講家；凱特·菲爾德 (Kate Field, 1838-1896)，美國記者、演員；安東尼·特洛勒普 (Anthony Trollope, 1815-1882)。英國維多利亞時代最為出色的長篇小說家之一；詹姆斯·菲爾德 (James T. Fields, 1817-1881)，美國作家、出版商。

第二章　白朗寧夫人 ELIZABETH B. BROWNING

第三章
蓋恩夫人 MADAME GUYON

對我來說無論何時何地，我的國度無處不在；在煩憂中我平靜又自由，因為神無處不在。

在我們尋覓或逃避的地方，心靈都無從找到幸福；但是有神指引我們的道路，離開或停留都是一樣快樂。

如果我被放逐到你不在的地方，那將是真正可怕的命運；哪裡都有神的身影，神無處不在。

——《神無處不在》

一天，珍妮·瑪麗·布維爾正坐在她的小橡木桌前寫東西，她的父親走了過來，輕吻她的額頭，告訴她他已經為她安排好了婚事，她未來的丈夫很快就會到來。珍妮的手指頓時失去了知覺，筆掉在地上，她站起身來，卻說不出一句話。

　　珍妮·瑪麗·布維爾剛剛 16 歲，但是你也許會認為她已經20 歲，因為她長得既尊貴又高大 —— 和她的父親一樣，她身高5 英尺 9[024]。她的身材精緻修長，擁有富於曲線的臀部、纖細的腰身、姿態優美的脖子和一張會讓朱諾[025] 也心生嫉妒的面容。她的臉龐和眉毛更像米娜瓦[026] 而不是維納斯[027]。她的鼻子高挺，嘴唇豐滿，但也不算是櫻桃小嘴。她的頭髮是淺棕色的，據說在陽光照耀下是紅色的，且帶著西風的豐饒和不拘。她眼睛的顏色隨著心情變換。然而，她有雀斑，所以從來沒有人會輕率地稱她為美人。珍妮的父親已經有兩年沒吻過她了，他是一個非常繁忙的人 —— 他沒有時間表達溫柔。他很富有，是一個虔誠的教徒，在任何方面他都可以稱得上是模範公民。

　　女兒像一株向日葵一樣成長，她的才智像破土而出的玫瑰一樣展露。這個優秀的女孩思考、學習、夢想。她想像出的一個聲音在對她說：「起身吧，少女，準備好自己，因為我有一項

---

[024]　約為 175 公分。
[025]　羅馬神話中的神，朱比特之妻，是女性、婚姻和母性之神，集美貌、溫柔、慈愛於一身。
[026]　羅馬神話中的智慧女神。
[027]　羅馬神話中的愛神、美神，同時又是執掌生育與航海的女神。

工作要交給妳來做！」

　　她的心願和祈求是進入一所修道院，在義無反顧地把自己獻給神之後，將神所告知她的一切傳達給人們。這種事情使得這位價值至上的中產階級父親心懷警惕，因此有一天他對妻子說：「那女孩明年就會比我高出一頭。即使是現在，當我給她建議的時候，她也只是睜大眼睛盯著我看，我的話都成了耳旁風。她會帶給我們麻煩的！她會讓我們蒙羞！我想——我想我會讓她找個丈夫嫁了。」

　　那並不是一項難以完成的任務。有許多少年對她傾心不已，她對他們卻向來置之不理。他們只能站在街角看著她從身旁走過；另一些篤信宗教的人，會追隨著她的時間，聚在教堂選好位置看她跪拜；還有一些在通往她家的狹小的街道上來回遊走，憧憬著她經過時能有機會和她擦肩而過，哪怕只是碰碰她的衣服也好。

　　這樣的事對珍妮毫無意義，她至今還沒遇見一個別樣的男人，能夠擁有不被自己輕視同情的才智。

　　但是，克勞德・布維爾是不會從這個小鎮的平凡年輕人中為他女兒挑選丈夫的。他寫信給一個叫雅克・蓋恩的單身朋友，告訴他如果他想，他就可以擁有這個女子——就是說，在某些小前提完成的情況下。

　　雅克・蓋恩三個月前曾拜訪過布維爾的住所，他帶著特殊的興趣暗中仔細地打量過這個少女，並向布維爾先生暗示，如果

他想擺脫她，他可以讓這發生。因此，過了一些日子，這位先生想起了雅克·蓋恩的提議，他斷定由於蓋恩既有錢又有身分，那將會是一椿不錯的婚姻。

於是他就寫了信給蓋恩，蓋恩回信說他願意來，時間大概在兩個星期之內 —— 只要他的風溼有所好轉。

克勞德·布維爾先生看過了信，就走進隔壁的屋子，輕吻珍妮的額頭，告訴她這個驚喜 —— 以上這些字字屬實。

於是雅克·蓋恩坐著他的馬車來了，兩個騎馬的僕人一前一後地跟著他。珍妮盤著腿坐在地板上，在古老的石頭房子頂層的那間小屋裡，透過菱形玻璃片拼成的山形窗，她投下慎重的一瞥，然後便陷入了失望與痛苦中。

在她的一些夢裡（她認為這些夢很不好），她看見她的愛人騎著一匹帶著泡沫狀斑點的戰馬飛奔而來。當馬停下時，騎士靈巧地從馬鞍上飛身躍下，送給正從窗簾裡偷望的她一個飛吻。他在她不期望的時候發現了她，不過她並不怎麼在乎。

但是蓋恩先生的眼睛並沒有在窗戶上搜尋。他費力地從馬車中出來時，氣喘吁吁，步履艱難。他的臉色灰藍、鼻頭微紅、兩眼無神、大腹便便。他正在變老，不過最可悲的是，他老得真反叛 —— 他把鬍子染成了紫色，真是不甚雅觀。

當天晚飯時，珍妮被介紹給蓋恩先生，她發現他非常有禮貌，也很親切。他的馬褲是貨真價實的黑色天鵝絨，他的長襪

是真絲的，鞋上的扣飾是拋光銀的，襯衫上裝飾著最好的蕾絲邊。他基本上一直在和珍妮的父親談話，所以她也就沒有想像中的那麼不自在。

第二天，公證人來了，寫了一份很長的文書，並蓋上紅色和綠色的戳印。然後他開始咕噥起什麼，這時在場的每一個人都舉起右手，接著簽下了自己的名字。房子似乎都搖搖欲墜了，彷彿暴雨將至。布維爾先生踮起腳又一次吻了女兒的額頭，蓋恩先生抓起她的手，把她那修長柔嫩的手指舉到嘴邊吻了一下，對她說她即將成為一個偉大的夫人和一所壯麗豪宅的女主人，擁有可以令人高興的一切。

於是，一個主教在兩個牧師和三個助理牧師的協助下宣布他們成婚了。典禮在一所宏偉的石頭教堂舉行。當婚禮隊伍走出來的時候，教堂的管理人員費了很大的力氣才把人群分開，好讓身穿白衣的小女孩們走在最前面。在她們經過的路上撒滿鮮花。風琴轟鳴著，教堂裡的鐘聲也敲響了，只是音調與時間好像並沒有和諧地結合起來。其他的鐘聲也在古老城鎮的各處響起應和著，遠處山谷中還柔和地迴盪著蒙塔日城堡裡小禮拜堂的鐘聲。

珍妮被架入馬車──她根本不知道自己是怎麼進來的，雅克·蓋恩坐在她身邊。車夫揚起鞭子讓馬野蠻地跑起來，就像帶著無辜者魂魄的魔鬼在狂奔一樣，身穿制服的僕人們稀里嘩啦地跟在後面。路邊的人們一邊喊著「上帝保佑」，一邊招手

揮別。不一會，昏昏沉沉的老城鎮就被遠遠地拋在後面了，馬兒們也放慢了步伐開始慵懶地小跑。珍妮像羅得的妻子一樣回頭張望，只有教堂的尖頂還在視線中。她多麼希望她會變成鹽柱[028]，但是她沒有。

她蜷縮在角落裡，傷心欲絕地痛哭。

雅克·蓋恩先生微笑著自言自語道：「她父親說她有些倔強，不過我會看到她改變的！」

這是 300 年以前的事了。現在看起來似乎不太可能會這樣，但是它的確發生了。

如果你讀過一些偉人的生平，你就會得出這樣一個結論 —— 找到一個紳士要比發現一個天才難得多。當鐘錶的秒針在嘀滴答嗒地走著時，用你的手指數數 —— 5 分鐘內你都找不出 5 個像菲利普·西德尼[029]這樣的紳士。當然我知道，芬乃倫[030]會是你張口說出的第一個人。芬乃倫，他聲音低沉、處事溫和、悲天憫人、莊重有禮、親切高尚！芬乃倫，他有著上帝恩賜的美貌和高超的才智！芬乃倫，他知道沉默是金。芬乃倫，優雅常駐於他的唇邊，他的話語充滿魔力，但卻只說給他

---

[028] 聖經故事。上帝要摧毀所多瑪（Sodom）和蛾摩拉（Gomorrah）兩座罪惡的城市，派出天使讓羅得一家搬離，告知他仍千萬不要回頭看，但是羅得的妻子出於好奇還是回頭了，結果她變成了鹽柱。

[029] 菲利普·西德尼（Philip Sidney, 1554-1586），英國文藝復興時期相當著名的詩人。曾在伊莉莎白時代任職朝臣、軍官。同時也是著名的十四行詩作家。

[030] 法蘭索瓦·芬乃倫（1651-1715），法國神學家、詩人，宣揚寂靜主義的主要人物。曾擔任羅馬天主教康布雷教區總主教。

相信以及他所愛的人聽。

當路易十四犯下那最魯莽的愚蠢錯誤 [031]，耗費了法國不計其數的財富，帶給了人民無法估量的損失時，芬乃倫寫信給首相說：「這些胡格諾派 [032] 教徒有很多美德我們必須承認和善待。我們必須溫和地控制他們。我們不能依靠強權來達到一致，用這種方式得到的皈依者是違心的。沒有什麼力量能強大到束縛心靈——思想永遠都能擺脫束縛。給所有的公民自由吧，不是透過批准所有宗教信仰的方式，而是用上帝認可的寬容和耐心來准許。」

「你應該親自去這些異教徒中當傳教士！」這是回答——帶著一半諷刺，一半認真。

「我會去，只有一個條件。」

「那是什麼？」

「從我的教區撤出你所有的武裝兵力——撤出所有的、任何方式的強制！」

芬乃倫有貴族血統，但他一直非常同情民眾。那些地位低下的、身體虛弱的、飽受壓迫的、遭到迫害的人都是他熱心關

---

[031] 西元 1598 年法國國王亨利四世在法國西部港口城市南特頒布了一個法令，它給予胡格諾教徒政治上一定的權利，象徵著一個寬容進步時代的到來。但是西元 1685 年國王路易十四廢除了《南特詔書》，並對胡格諾教徒進行 7 大規模迫害和屠殺。

[032] 16-17 世紀法國新教徒形成的一個派別，又譯雨格諾派。該派反對國王專政，曾於西元 1562-1598 年間與法國天主教派發生胡格諾戰爭。因《南特詔書》而得到臺法地位。後又遭迫害，直到西元 1802 年才得到國家正式承認。

第三章　蓋恩夫人 MADAME GUYON

懷的對象，也是擺在他心中第一位的人。

　　芬乃倫和珍妮第一次相遇是在監獄中。他 37 歲，她 40 歲。他偶爾會去蒙塔日傳教，在那裡他聽說了她的善良、虔誠、熱忱和順從。他對她的很多古怪觀點也產生了些許共鳴，不過那時她在監獄裡，還生著病。他去探望了她，並告訴她要撐住，要樂觀。

　　12 年前，蓋恩夫人成了寡婦。她生了五個孩子 —— 其中兩個死了，其他的被交給好心的親戚照料。蓋恩夫人則把她的時光投入到了學習和教授知識之中。因為這種把孩子寄養在別人家的行為，她曾受到嚴厲的指責。但是對於這個問題，有一種情形我從未見人們探討過 —— 那就是一個母親對她後代的愛和她對他們父親的愛成正比。如果蓋恩夫人曾經有一個她可以抱在懷中並深愛的孩子，我無法想像她會允許別人照管這個孩子 —— 無論他們的照料是多麼地無微不至。

　　無論蓋恩夫人走到哪裡都會受到盛大的歡迎。她的活力和虔誠的熱忱引領她走入了各處的偉人和貴族之家。她召集了婦女聯合會，人們聚集在那裡禱告並討論崇高的話題。她的哲學體系是「寂靜主義」 —— 對上帝的意志，人類的心靈要絕對服從。放棄一切，把抗爭、探求和不安放在一邊，停下苦修懺悔，平靜地安躺在主的手中。神做的一切都是完美的。將整個生命當作一次對神聖與和諧的永不停歇的禱告，這樣我們才能得到所有的善。我們吸引它，我們也吸引上帝，神是我們的朋

054

友，神的靈和我們同在。她透過平靜傳授力量，告訴人們如果急進地去追求平和，你就永遠不會得到它。

這種充滿神祕主義的哲學衍生出了無數的分支，它教導人們忍受人生中的各種階段和狀態，為思想提供了無窮的機會。

這也是現今千千萬萬出眾的男男女女在傳達的哲學觀。它包含了我們所謂的「先進思想」中所有的精華，事實上，我們今天所有新「自由教派」的東西都是從舊時學來的。

蓋恩夫人獲得了巨大的成功。教條信仰的偽道士永遠在探尋異端。他們嫉妒、恐懼並時刻警惕著，唯恐他們的「公共機構」倒臺。寂靜主義在前進，蓋恩夫人的名字響徹整個法國。她四處演說，從一個鎮走到另一個鎮，從一座城市去往另一座城市。女人們紛紛集結起來聽她講道，她們集結了協會。傳教士們有時會去與她爭論，但她崇高熱烈的演說很快就讓他們啞口無言。當她離開時，他們又用恐嚇來報復她。她在遊說的同時也在身後留下了光彩奪目的雄辯。他們向她挑釁，讓她回來一決高下。空氣中充滿火藥味。有一個教長倒是說了些好話：「這個女人可以教授早期的基督教義——但如果人們發現到處都是上帝，我們將面臨什麼？」

儘管這個主題像命運一樣宏大，像死亡一樣嚴肅，但當想起丟掉工作的人是如何癲狂地四處奔波，在不存在平和時乞求平和，人們還是會禁不住發笑。

那些恐慌的敵人們的譴責、告發等野蠻行徑，反而為蓋恩

夫人所做的工作做了宣傳。對於內心強大的人來說，他們喪心病狂的敵人往往比充滿愛意的朋友所做的宣傳更多。

　　這就像是剛剛發生的事情一樣，人類的軌跡是周而復始的（且並不總是呈螺旋狀上升），它也許就發生在昨天。把場景移到俄亥俄州，用巴克爾博士[033]代替波斯維特[034]，將法蘭西斯·伊莉莎白·維拉德[035]小姐和蘇珊·布朗尼爾·安東尼[036]小姐的優點結合在一起，這個人就是蓋恩夫人，我們把這叫作超驗主義[037]，將她尊稱為「新女性夫人」，就是這樣！

　　但如果是這樣，那些請願者就無法要求美利堅合眾國的總統逮捕這個女罪犯，並且在裝模作樣地審判她一番後，讓她無限期地待在監獄裡閉上嘴巴了。然而迫害自有它的補償，蓋恩夫人的遭遇反而讓人們記住了她所傳授的事實真相，於是它們傳遍了學校和沙龍，以及那些善於思考的人們聚集的地方。是的，迫害會有它的補償。處於迫害狀態下的信仰是純粹的，它的衰落始於繁榮的頂點。春風得意的人向來都不怎麼賢明，也很少是最好的。悲痛會找上某個人，而所有人都將頌揚他。

---

[033]　卓越的衛理公會教徒辯論家。

[034]　法國高級教士和歷史學家。

[035]　法蘭西斯·伊莉莎白·維拉德（Frances Elizabeth Willard, 1839-1898），美國教育家，女權主義者。

[036]　蘇珊·布朗尼爾·安東尼（Susan Brownell Anthony, 1820-1906），19世紀美國女權運動領袖人物，巴克利博士的對手。

[037]　超驗主義是美國的一個重要思潮，它興起於1830年代的新英格蘭地區，波及其他地方，成為美國思想史上一次重要的思想解放運動。超驗主義宣稱存在一種理想的精神實體，超越於經驗和科學之處，透過直覺得以掌握。

當然，迫害會有它的補償！當蓋恩夫人患病在監牢裡的時候，芬乃倫不是也來探望她了嗎？啊，這也算值得。同情心是愛必備的特徵。我無法確定是否同情心就是愛本身，抑或是神聖的光芒所激發出的希望。只有帶著荊棘冠、流著鮮血的基督才能贏得全世界的崇拜，只有歷經苦難的靈魂才會被真正地熱愛。因而各各他 [038] 找到了它的回報。被束縛的人們啊，振作起來！那有形或無形的高尚的靈魂，將會來眷顧你們，否則它們早已悄無聲息地走過！從芬乃倫遇見蓋恩夫人的那天起，他的財富和好運就開始衰落。人們斜著眼看他。一次來之不易的機會讓他成為了一個三人委員會中的一員，來調查對這個女人的指控。法庭用了一年來審理此案。芬乃倫讀了蓋恩夫人發表過的所有的書，和她進行了大量的談話，並探究了她的身世經歷。當被問及他的裁決時，他說：「我認為她沒有任何過錯。」

　　他找曼特農夫人 [039] 談了話，曼特農夫人又與國王談了話，然後這個罪犯就被釋放了。

　　不久，芬乃倫用他從蓋恩夫人那裡學到的真理開始了他的布道。他給了她應得的聲譽。他說她是一個很好的天主教徒——她愛著教堂，她實踐教堂所教給她的一切，除此之外她還懂得很多其他的東西。

　　當心啊，康布雷的總主教！敵人就在你的路上。不要為那

---

[038] 位於耶路撒冷西北郊相傳為耶穌被釘上十字架之地。

[039] 路易十四的第二任妻子。

無權申辯的女人申辯，難道你不知道他們是怎樣談論她的嗎？只說那些他們教給你的東西吧，把你自己的想法深藏心底。當心啊，芬乃倫！你主教的寶座像懸在蛛絲上一樣搖搖欲墜。

年歲如它們的意願一般漸漸離我們遠去。12 個夏天過去了，秋天的葉子也 12 次洞悉了它們將要墜落的命運。蓋恩夫人又進了監獄。而康布雷的總主教已經變成了一個局外人 —— 芬乃倫已經不再是國王的顧問，不再是皇室的導師。他的話語沒有效力，他的筆也被牢牢束縛。他被准許退休去鄉村的教區，在那裡他和那些愛他崇敬他的農民們生活在一起。他居住的那個村子久經戰爭的磨礪，帶著流血的傷口，陰影還籠罩著村落。不只一個家庭被徹底洗劫過。死亡曾在這裡肆虐蔓延。芬乃倫和這些人們一起分擔他們的貧困低微和哀愁悲痛。他們生活中的所有悲劇也是他自己的，他總是對他們說：「我了解，我了解！」

蓋恩夫人生命中的 12 年都在監獄中度過。最後她被獲准得到名義上的自由。那些專制者們，帶著野蠻粗暴的凶光和鬼鬼祟祟的腳步，關注著被隔離開來的芬乃倫。在那些闌珊的日子裡，黑暗繼續向東方延伸，蓋恩夫人把時光和才幹都用於教授農民階級一些簡單初級的知識，以減輕他們在物質需求和疾病上的痛苦。那是一種被迫的引退，不過也正是她一直想要得到的結果。那些追隨著她的迫害、堆積在她名聲上的譭謗以及用屈服就可以換來的寬恕，從來都沒有讓她內心和外在的信念有

過絲毫的退縮或動搖。她對生命裡至高祕密的堅定沉默，她對篤信真理的不變忠心，一定會永遠贏得那些珍視正直思想和純潔意念的人們、堅守愛之神性的人們、還有那些相信無形永恆的人們的深情崇敬！

從巴黎到蒙塔日鎮，騎腳踏車需要一天。至於道路，即使是一個從美國來的徒步旅行者也不會迷路。就像去探尋她的源頭一樣，你只需要順著塞納河，沿著與河流一起蜿蜒的大路前行就好。那是多麼美麗、透亮、乾淨的河水啊！在巴黎，那些洗衣女工就像在法老時代的埃及一樣，把亞麻布放進河水裡洗，洗好的衣物帶著 6 月空氣的清甜氣息。想像一下如果在芝加哥，如此魯莽行事會造成什麼後果吧！

陽光明媚如 5 月的一天，我騎車出了巴黎，一路上看到的都是週一的繁忙景象。婦女們頭上頂著籃子走向河畔，身後跟著成群的赤著腳或穿著木鞋的孩子們。其中一個美麗的年輕女人懷中抱著孩子，那無辜的初生者正在忙碌地享用早餐。母親平靜地走著，姿態優美的頭上放著全家人的衣服。在遠處還有一個女人，一個兩歲大的胖小子端坐在她頭頂輕微搖晃著的籃子裡，得意得像是一個被崇拜的主教。這是我從未見過的一種對平衡的掌控，我只是想請那些固執己見的人相信這一點而已。白天就要過去的時候，我看見她們的洗衣工作已進入尾聲，衣服被鋪放在最鮮綠的那片草地上，或是路邊的小灌木叢上。10 點的時候，我已經接近楓丹白露了，人們正在準備收衣

服。在等著溫暖的陽光和宜人的微風烘乾衣服的空檔，勤儉的法國婦女們，像做拿手的湯一樣給孩子們洗澡。那裡有數十個從還不會走路的到 10 歲的孩子們 —— 他們身上蘊藏著國家未來的命運。他們被母親浸在水中用力擦洗，或是跑來跑去用法語玩著「不許動」的遊戲，身體不用擦就變乾了，就像卡萊爾[040]想像中的上議院議員一樣天真無邪。

接著我離開了沿著塞納河的那條路，拐向了另一條伴著運河的路。我沿著拉船路走，也顧不得這是違法的了。那是一條單馬運河，只有一匹毛色雜亂的佩爾什馬[041]來拉許多條塗抹鮮豔的船。那都是些尖頭的窄船，在一些船上，不戴帽子的女人們在做編織，男人們在船木上雕刻著一些古怪的東西，來紀念他們的旅程。我對自己說：「快節奏的生活會讓人短命，這些人在為不朽下注。我揮舞著帽子，對著正懶洋洋前行的船大聲呼喊，那些緩緩離去的旅行家們也愉快地回應我。」

不久以後，我來到了一個波瀾壯闊的平原，它好似夏日無浪的大海一樣一望無際。在長長的條狀地帶上，種植著小麥、小扁豆和豆子。在某一處我還以為自己看到了一面發舊的美國國旗（只有當你身處異鄉，你才會真正熱愛它），粟米地和豌豆地陳列出交替的長條，還有一片優美的高麗菜地占據著一個角落作為星星。不過這或許只是我的想像，因為我一直在惦記著

---

[040]　湯瑪斯·卡萊爾 (Thomas Carlyle, 1795-1881)，英國作家、歷史學家、哲學家。他曾經說過，上議院的貴族們如果不穿衣服就沒那麼高貴了。

[041]　法國北部產的一種灰色重型挽馬。

一個星期後就是 7 月 4 日 [042] 了，我卻離家如此遙遠 —— 隻身在一片陌生的土地上。

我來到一個小高地，看見在一片豐饒旺盛的谷地之中，坐落著安詳寧靜的蒙塔日鎮。在青藍色的山腰上是蒙塔日城堡，鑲著繁茂的綠色枝葉做成的邊框。我停下來觀賞這景象，這時晚禱鐘的回音輕輕地從幾里以外傳來，罌粟花在我腳下隨著微風恭敬地點起頭來。

從遠處看法國的村莊，有著如此寧靜的田園詩般的詩情畫意。那裡沒有爭鬥的聲音，沒有敵對的痕跡，沒有虛無的驕傲，只有白色的房屋 —— 偉大的男人、溫柔的女人和天使般孩子們的家，所有的教堂尖頂都真正地指向上帝，但再走近一點看看吧 —— 也沒有什麼了不起！

當我抵達鎮子的時候，第一個映入眼簾的就是從遠處看到的那個教堂尖頂。於是我拐出了寬廣的大路，準備在經過它時從外面掃上一眼。可是那高大的鐵門大敞四開，惹人心動，一條滿身灰塵、快要生鏽了的法蘭德之犬 [043] 蹲在入口，等待著牠的主人，似乎是在告訴我裡面會有盛情款待。於是我進去了，通過沒有聲響的門，走入這間禱告大堂的黯淡暮光裡。有一些人在那裡，還有一個穿白色長袍的牧師站在過道上。他正在講話，他的聲音輕柔又肯定，言辭十分優美。我停下腳步，靠在

---

[042] 美國國慶日。

[043] 英國維多利亞時代的著名女作家奧維達（1839-1908）的經典小說《法蘭德之犬》（*A Dog of Flanders*），描述了一隻狗與主人不離不棄的感人故事。

一根柱子上聽著。我想這是我第一次在大教堂裡聽一個講道者說話，他的聲音雖然不大，但那些語句的回音卻在拱形屋頂中盤旋不斷，讓人透不過氣來。他的語調像是在談話，他的舉止中沒有老套的偽善，所以我移近了一些，以便看清那張臉。

在昏暗的光線下我無法看得很清楚，不過我已置身他真摯的話語之中。莊嚴的沉靜、垂下的夜幕、薰香散發出的氣味和聖母像腳下成堆的鮮花 —— 顯然是那些沒有其他物品可以捐獻的農民們帶來的 —— 生成了一種化學反應，它足以感化一顆石頭做成的心。

牧師停止講話，當他舉起手祈福的時候，我也不知不覺地像其他人一樣跪在石頭地板上，低下頭陷入沉默的幻想。

突然間，我被身側的撞擊聲驚醒了，環視四周，我發現原來是旁邊的一個老人把拐棍掉在了地上。那樣一根粗壯的棍子掉在石頭地板上，在拱形頂的大廳裡發出了雷鳴般的迴響。

祈禱者們一個接一個地離開了，沒一會就只剩我和拐棍老人了。他穿著木鞋，兩膝間緊緊夾著拐棍，一雙大手緊張地擰著他的帽子。「他也是個奇怪的傢伙，」我對自己說，「他就是那隻老法蘭德狗的主人，他在等著和牧師說些什麼！」

我靠過身去問他：「那個牧師，他叫什麼名字？」

「法蘭西斯神父，先生！」老人在座位上前後搖晃了一下 —— 好像是受到他內心情緒的驅動一般，仍在不停地撫弄他

的帽子。

這時牧師從聖壇後面出來了，白色長袍換成了黑色長袍，他走下來時帶著一種直指我們的從容威嚴。我們齊刷刷地站了起來，就像是有人按了什麼開關。

法蘭西斯神父走過我身旁，輕輕俯下身和我身邊的老人握手。他們站在那裡開始低聲交談。

暮日的最後一束光鑽了進來，灑在聖壇上，一瞬間流滿大廳。現在我可以清楚地看見牧師的臉了。當我站在那裡注視他的時候，我聽見他對老人道別：「好的，告訴她，我明天早上到那裡。」

然後他轉過身來，我還在那裡盯著他看。注視他的時候，我一直在對自己重複著當但丁[044]去世的時候人們說的那句話：「這是那個去過地獄的人！」

「你是英國人？」法蘭西斯神父伸出手，神色愉快地對我說。

「是的，」我說，「我是英國人，啊，不，美國人！」

我拿不準他是否聽見了我說的關於但丁的話，不管怎麼說，我一直不禮貌地盯著他看，也和那位老人一起洗耳恭聽了他的訓導。我也想扶我的帽子，如果我也有一支拐棍，我一定

---

[044] 但丁·阿利吉耶里（Dante Alighieri, 1265-1321），義大利文藝復興時期的偉大詩人，出生在佛羅倫斯一個沒落的貴族家庭。著有長詩《神曲》（*Divine Comedy*），由〈地獄〉、〈煉獄〉和〈天堂〉三部分構成。

也已經把它掉在地上了，那隻法蘭德狗是不是也在門口耐心地等著我呢？

「哦，美國人！我很高興 —— 我有一些非常要好的朋友在美國！」

和我想像的不同，我看到的神父法蘭西斯並不像那個被放逐的佛羅倫斯人，因為他笑起來帶著女人的可愛，他的嘴角並不向下彎，鼻子也沒有那種羅馬鼻的曲線。但丁是一個被流放者：人待在家裡，心卻遊歷了所有地方。

他很高，身材苗條挺拔。他一定有 60 歲了，忽略那些皺紋來看，他有一張英俊得出奇的臉。深沉，但不沮喪，帶著些陰柔精緻的感覺，如此優雅，如此睿智，我像是站在那裡凝視一座青銅雕像。但是不難看出，他是一個悲傷的人，深諳不幸。那張臉在訴說著主人經歷過的某種巨大的磨難，不過他承受住了，並從所有微小的煩憂中得到了補償。

「你想在這裡待多久都可以，我希望你還會到我們的老教堂來！」神父說，他微笑著對我點點頭準備離去。

「好的，我一定會再來。我會在早上過來，因為我想跟你談談蓋恩夫人 —— 他們告訴我，她是在這所教堂結婚的，是真的嗎？」我抓住這個機會，我可不能錯過這個難得找到的知情人。

「哦，是的，不過那是很久以前的事了，你對蓋恩夫人的事很感興趣？我很高興。不了解芬乃倫似乎是一種不幸。他曾經

就在那個講壇布教，蓋恩夫人也是在那前面受施洗並行了按手禮。我有他們兩個的畫像和書 —— 其中有一本還是初版。你關心這些事嗎？」

西元 1889 年的秋天，當我在倫敦一文不名的時候，我會關心這些事嗎？我想不起自己是怎麼回答他的了，但是我記得這個棕色皮膚、有一雙清澈的黑色眼睛和一張略帶憂愁的英俊臉龐的牧師，像一幅聖徒的肖像一樣站在我面前。

我約他在第二天早晨相見，這時他想起了他和拄著木拐、穿著木鞋的老人的約定。

「來吧，不如現在跟我走吧。我家就在隔壁！」

於是我們穿過老教堂的走廊，繞過蓋恩夫人曾經跪拜過的聖壇，從一條彎曲的小路進入了一個和那所教堂一樣老的房子。一個似乎和這房子一樣老的女人，在一間不大的餐廳裡擺放餐具。透過銅框眼鏡，她抬頭看著我。沒有得到任何的吩咐，她撤掉了桌布，換上了乾淨雪白的另一張，並擺上兩個盤子。然後她端上茶和烤好的黑麵包，還有一盤熱氣騰騰的小扁豆和一籃剛剛採摘的帶著綠葉的漿果。

這不算是很奢華的晚宴，但已經足夠好了。後來我才知道法蘭西斯神父是一個素食者。不過他沒有告訴過我，也沒有為美酒的缺席和沒有拿出菸草菸斗的疏忽而表示歉意。

我聽說有很多牧師，他們戴頭巾的腦袋裡裝著的是醇酒的

上等祕方，在他們心中儲藏著的是佳餚的各種奧祕。但是法蘭西斯神父不是這類人。他的體型很瘦，臉上的青銅色來自健康的紅血球。那緊緊約束住的脖子和生滿老繭瘦骨嶙峋的雙手訴說著他果斷的節慾生活、有益的戶外活動、思緒平靜的睡眠和未被麻醉的頭腦。

晚餐過後，法蘭西斯神父帶我去他樓上的書房，展示了他的藏書給我看，為我讀了那本初版書。然後他打開陳舊的梳妝櫃上的一個小抽屜，取出一個軟羊皮裹著的小包 —— 裡面放著兩張小畫像，一個是芬乃倫，一個是蓋恩夫人。

「芬乃倫的畫像是屬於蓋恩夫人的。他為她而畫了這個像，送給當時在文森斯監獄裡的她。另一個是我在巴黎買的，它的來歷我就不清楚了。」

善良的牧師有工作要做，他很婉轉向我表達了這一點：「你走了很長的路來到這裡，我的兄弟，道路也很崎嶇，我知道你一定很疲憊了。來吧，我帶你去看看你的房間。」

他點燃一支蠟燭，把我帶到走廊盡頭的一間臥室。那是一個很小的房間，非常整潔樸素，沒有任何的裝飾，只在鐵製床頭的上方掛了一幅聖母瑪利亞和她孩子的畫像。那幅畫像並不怎麼好，我想是出自法蘭西斯神父之手，聖母的臉龐非常人類化 —— 神聖的人類 —— 就像所有的母親那樣。

法蘭西斯神父說得沒錯，路很崎嶇，我真的累了。

樹梢低聲地唱著搖籃曲，晚風喘著粗氣徘徊在走廊裡，並把門打開了。我很快就睡著了。過了一會，風把整個屋子都吹得涼颼颼的。我睡眼朦朧，實在不願起身去找更多的東西來遮蓋，太冷了，我只好縮成一團。我夢見我衝在皮里[045]探險隊的最前面和他一起探尋北極點。在我的印象中，最後一個畫面是穿著灰色長袍的牧師踮著腳尖輕輕走過石頭地板，送給我一床厚厚的毯子，然後又踮起腳尖匆匆離去。

也許是晨鐘，也許是小鳥，也許是它們一起，一大早就把我喚醒了。當我走下樓梯的時候，發現主人已經先於我起床了。他美好的臉看起來清新又有力，我驚訝於他昨晚到底什麼時候才睡覺。

早餐後，上了年紀的女管家走了過來。

「怎麼了，瑪格麗特？」神父親切地問道。

「你沒忘記約定吧？」那女人問，聲音因為焦慮而有些發顫。

「哦，當然沒有，瑪格麗特。」然後他轉過身來對我說：「來吧，你應該和我一起去，我們可以在路上談談芬乃倫和蓋恩夫人，來回有 8 里路，不過你不會介意這個距離的。哦，我沒有對你說起過我要去哪裡嗎？昨天晚上你在教堂看到的那個老人，他的女兒快要死了，肺結核。她不算是一個好女孩，3 年前

---

[045] 羅伯特‧皮里（Robert Peary, 1856-1920），美國海軍軍官、探險家，1909 年率領探險隊首次到達地球北極。

她去了巴黎，之後就杳無音訊。我們試著去找她卻沒有找到，現在她自願回家了 —— 為了死在這裡。20 年前我曾為她施洗過，真是時光飛逝啊！」

牧師拿起一根結實的手杖，並遞給我一根，我們就出發了。我們沿著布滿灰塵的白色大路走，下面是一條石頭小路一昨天，當夜幕降臨，一個穿著木鞋、挂著木拐的老人蹣跚地走在這條路上，在他身邊跟著那條法蘭德狗。

第四章
哈里特‧馬蒂諾
HARRIET MARTINEAU

> 你最好在今天全力以赴地生活、全力以赴地行動、全力以赴地思考，因為今天是在為明天和所有即將到來的明天做準備。
>
> ——《生活的用途》

我想是薩克萊[046]曾經表示出惋惜之情：哈里特·馬蒂諾沒有做出更好的判斷來選擇她的雙親。

她出生在一個沒有足夠的愛的大家族裡。她的母親是一個脾氣火爆的健壯婦女，你可以說她是一個「現實的」女人。像所羅門王[047]的理想夫人一樣，她每個早晨天還沒亮就起床，將房子打理得井然有序。她總是在孩子們還毫無倦意的時候就讓他們睡覺，而在他們還睡眼朦朧的時候叫他們起床。在這個家庭裡既沒有酣睡也沒有小憩，如果有任何成員膽敢忤逆，需要潑點涼水才能醒來的話，他不僅會被潑醒，而且整整一年內都得聽著那句關於懶漢的評論：「且小睡一會，打個小盹，抱著手躺上片刻。那你的貧困就必如強盜般速達，你的窮乏彷彿手持兵器的人的到來。[048]」

這個繁忙高大的亞馬遜女人[049]從來沒有哭泣過，除了在納爾遜勳爵[050]殉職身亡的時候。流露出任何感情都會表現得軟弱，而撫愛則是愚蠢的證明。她烹飪、打掃、擦洗、縫紉，

[046] 威廉·梅克比斯·薩克萊（William Makepeace Thackeray, 1811-1863），與狄更斯齊名的英國維多利亞時代具代表性的小說家，最著名的作品是《浮華世界》（Vanity Fair: A Novel without a Hero）。

[047] 所羅門王，約西元前 960 至前 930 年在位，以色列聯合王國的國王，猶太人智慧之王。相傳著有《箴言》、《雅歌》、《傳道書》等作品，同時也對動植物進行過廣泛研究。

[048] 出自聖經《箴言書》第六章，由所羅門所著。

[049] 亞馬遜族，希臘神話中的女戰士族，女權至上，以剛強好勝著稱。

[050] 霍雷肖·納爾遜（Horatio Nelson, 1758-1805），18 世紀後半葉至 19 世紀初英國海軍中將，世界著名海軍統帥，被譽為「英國皇家海軍之魂」。西元 1805 年 10 月 21 日在特拉法加海戰中中彈身亡。

對她而言，生活是一場苛刻的交易，在地球上的此生便是一場戰爭。

儘管她忍住每一句充滿愛意的話，藏起所有帶著溫情的表示，她的孩子們仍然被照顧得很好：他們穿著得體，有充足的食物，還有溫馨的地方睡覺。當有人生病的時候，這位母親會讓其他所有人去休息，自己則守護在床邊直到陰霾散去，太陽又重新升起。我在想如果你從來沒有遇到過這樣一個女人，你是怎麼活過來的？

清晨，剛吃完早餐，男人們就去布料廠了，馬蒂諾夫人把女兒們聚集在起居室裡做針線工作。在 4 年多的時間裡，她們每個上午都在那裡工作 4 個小時。當她們做事的時候，常常會有人大聲地為她們朗讀，因為馬蒂諾夫人相信教育 —— 教育能讓人插上翅膀。

縫紉機和編織機比所有的傳教士更能解放女人。想想在那些日子裡，男人、女人和孩子們穿的每一件衣服都出自女人們永不停歇的雙手！

這個節儉的諾維奇 [051] 家庭裡的女孩們，伴著朗讀聲縫紉，她們有時會在單調的朗讀聲中說話 —— 所有人，除了哈里特，哈里特只是縫紉。別的女孩都認為哈里特非常愚鈍，她的母親對此也堅信不疑，她叫她「傻瓜」，有時還會搖晃並責罵她，試圖把她從死氣沉沉中喚醒。

---

[051] 英國東安格里亞地區的中心城市。

哈里特記下了在那些時光裡她的感受。她幼年時，內心中有一片巨大疼痛的空白。她的生活是錯誤的，她身邊的人的生活也是錯誤的 —— 她不知道是哪裡錯了，也無法追溯這個問題的本質。她熱切地盼望著能得到溫柔的關愛和不被拒絕的親密感。她想要她們所有人都扔下縫紉工作，合起雙手寂靜地坐著，哪怕只是 5 分鐘。她渴望母親把她放在腿上，這樣她就可以將腦袋枕在她的肩膀上，雙臂摟著她的脖子，好好地痛快地哭一場，然後她所有的煩惱和痛苦都會煙消雲散。

但是這個纖瘦的小女孩從來不會把這些荒謬的想法說出來，她心裡很清楚。她咽下眼淚，俯下身盡力做好她的縫紉工作。

「她真的很笨，從來不聽別人的朗讀。」有一天她母親說。

這個家庭中的一個成員現在仍然健在。我不久前見過他，並和他當面談了我在這裡寫的一些東西，他是詹姆斯·馬蒂諾醫生，92 歲。

其餘的人都已經過世了。在諾維奇公墓的一片平地上，有一塊墓碑上寫著「懷念伊莉莎白·馬蒂諾，哈里特·馬蒂諾的母親」。她安息了，而她為何會被後人銘記？因為她是那個不聽別人大聲朗讀、盡力做好工作卻沒有做得很出色的笨女孩的母親。

似乎有時候根本不存在「新年」這回事 —— 只是過去的一年又循環了回來。我們身邊的這些人，他們以前沒有活過嗎？他們當然是曾經居住在這個地球上的生物，他們為相同的事情

而忙碌，也為相同的瑣事而奔波，他們會有相同的過失，也會犯下同樣的大錯。

　　就在上個星期，芝加哥一所小學的一名教師向校長匯報，說有一個小孩簡直是無可救藥地愚鈍和反常，她絕望地放棄了教她的念頭。當她在課堂講話的時候，那個孩子只是張著嘴看著她。5分鐘後，她不願也不能重複出她剛剛所說的話，哪怕只是三個字。她責罵了她，讓她罰站到放學之後，甚至還用鞭子打了她──但這一切都是徒勞。校長介入了這件事，他撓了撓頭，捋了捋鬍子，清了清嗓子，最終認為公立學校的基金不能浪費在教育低能兒上，並如此告知了她的家長，他建議他們把這個孩子送到低能兒學校，他還派孩子的哥哥去傳信。因此父母就把孩子送去了低能兒學校，請求他們接收她。監護長把小孩放在她的腿上，跟她說話，為她讀書，給她看圖片，然後對家長說：「這個孩子跟你們其他的孩子一樣聰明，或許比他們還聰明──只不過她聾了！」

　　從生命中的第12年起，哈里特・馬蒂諾就失聰了。她也沒有味覺和嗅覺。

　　「哦，這是降臨在凡人身上的多麼可怕的苦難啊！」我們舉起手大呼。但是在清醒的反思下，我無法確定我是否清楚什麼是苦難，什麼是恩賜。我並不會樂觀地認為自己會在大街上看到恩賜降臨。因為在寫作時我突然意識到，浮現在我生命中的那些似乎要吞噬我的巨大陰影，只是隱隱顯現而已，它們並沒

有傷害我，而那些甜蜜的、柔軟的、美好的、快樂的事情、我最不必害怕的事情，卻對我的傷害最深。

母親的天性是善良的，如果她剝奪了我們的某一樣東西，她便會給我們另外一樣。幸福似乎是平等地給予每個人和所有人的。哈里特的煩惱致使她思考那些和她年齡不相符的事情。社會中的喋喋不休對她沒有意義，即使她想聽也無法聽到。她吃著適合她的食物，卻無法享受到令人愉悅的口味。她活在幻想與思考的世界中，寂靜無聲意味著很多很多。

「人首先應該是一隻優秀的動物。」我曾經認為赫伯特·史賓賽 [052] 的這句格言十分經典。但是我不再熱衷於這個說法了。大部分不能說話的動物在感覺器官的進化程度上，要遠遠超過不能說話的人類。獵犬可以追蹤在扁平岩石上的足跡，即使期間下過雨；貓在黑暗中也可以看見東西；兔子能聽到人類永遠聽不到的聲音；馬可以察覺到水中的雜質，而一個化學分析師也未必能發現；信鴿除了自身的羅盤，不再需要更多。我可以放心地說，即使某一個人是一隻優秀完美的動物 —— 他具備獵犬的嗅覺、貓的夜視能力、兔子的聽覺、馬的味覺以及信鴿的方位感，他對吉卜林 [053] 的《深海船歌》的欣賞力也不會多一丁點，

---

[052]　赫伯特·史賓賽（Herbert Spencer, 1820-1903），英國哲學家。堪稱「社會達爾文主義之父」，提出一套學說將進化理論適者生存應用於社會學，尤其是教育及階級抗爭中。

[053]　約瑟夫·魯德亞德·吉卜林（Joseph Rudyard Kipling, 1865-1936），英國作家及詩人，生於印度孟買。主要著作有兒童故事《叢林奇譚》（The Jungle Book）、印度偵探小說《基姆》（Kim）、詩集《營房謠》（Gunga Din）等。

他和這位詩人的水準也並不只是差一絲一毫。

沒有一個大學教授可以看得像蘇族印第安人 [054] 那樣遠，他也不會有非洲土著人那麼靈敏的聽力。世界上存在著人類用肉眼無法察覺的射線，存在著人類用耳朵無法捕捉的細微聲響。我們樂於稱之為「官能」的生理能力，是由原始人進化發展而來的，他們和野生動物一樣擁有它們。當人類變得文明，他們就會有喪失它們的風險，不被使用的能力會被丟棄。「大自然女爵士」似乎認為不加以利用的東西就是你不需要的，她可不情願運載廢棄的貨物，她會直接將它們扔下船。

但是，人類會思考，他思考得越多，思想就走得越遠，對身體感官上的需求也就越少。荷馬無人匹敵的想像力是一個盲人的巨大財富；米爾頓 [055] 直到失明時才看到天堂；海倫·凱勒 [056] 的博學也不是透過傾聽演講或是閱讀書本得到的。極高的才智常常伴隨著有不同尋常的缺陷的身體，這似乎說明一個真理 —— 身體是一種存在，而靈魂則是另一種。

我不是為虛弱的生命力爭辯，我也不是為這些不健全的人們找藉口。但是難道我們不是經常看到某個家庭成員或是鄰居

---

[054] 印第安人的一族，自稱達科他族 (Dakota)。

[055] 約翰·米爾頓 (John Milton, 1608-1674)，英國詩人、政論家。西元 1652 年因勞累過度，雙目失明，後寫出長詩《失樂園》(*Paradise Lost*)、《復樂園》(*Paradise Regained*) 和《力士參孫》(*Samson Agonistes*)。

[056] 海倫·凱勒 (Helen Keller, 1880-1968)，美國盲聾女作家、教育家、慈善家、社會活動家。著有《假如給我三天光明》(*Three Days To See*)。

在這樣的人的床旁懺悔嗎？她像夏洛特少女 [057] 那般，只能透過鏡子的反射看到窗外的世界。讓我把這個比喻再延伸一步，當靈魂的鏡子遠離雀斑和汙點時，會展現出萬物之美。解除了感官愉悅和肉體束縛的靈魂，會滑向一個高處，在那裡事物自身的真正意義第一次被發現。

「靈魂洞悉一切，」愛默生 [058] 說，「而知識只是一種記憶。」

馬蒂諾一家都是胡格諾教徒，他們沒有留在法國爭取自由言論的權利，而是選擇了被流放。這些人是高尚的。讀過他們的歷史後，我了解到他們是被惡狗搜捕、被舉著火把的士兵追逐的人們。驅逐胡格諾教徒的行為幾乎使法國破產。而猶太人和胡格諾教徒向英格蘭的遷徙，則為這個國家帶來了巨大的財

---

[057] 來自亞瑟王圓桌騎士的傳說。夏洛特是一個被幽禁在小島高塔中的少女，如果她直接眺望外界就會受到詛咒。於是她每天都透過一面鏡子來觀察外部世界，並將當日所見編織成美麗的掛毯。四周居住的農夫都聽過她的歌聲，卻從未親眼見過此人。有一天，亞瑟王的蘭斯洛特騎士經過夏洛特的窗邊，夏洛特從鏡中看到了他的身影，瘋狂地愛上了這位英俊的騎士。她大膽地拋開鏡子，直接望向了蘭斯洛特。詛咒靈驗了，鏡子爆裂，掛毯四散，夏洛特也將死去。她逃離了高塔，在一條小船上刻上了自己的名字（the Lady of Shalott），順著河流飄向亞瑟王的宮殿，唱起了最後的死亡之歌。當人們發現小船時，美麗的少女已經死了。只有蘭斯洛特看到了船上的文字，他向上帝祈禱：「多麼惹人憐愛的女孩啊！願神賜福於她，賜福於夏洛特少女。」

[058] 拉爾夫‧沃爾多‧愛默生（Ralph Waldo Emerson, 1803-1882），美國散文作家、思想家、詩人。

富。如果清除在美國的貴格會教徒[059]、清教徒[060]、胡格諾教徒和其他一些流亡者，那麼這裡就不再是一片自由的大陸，也不再是勇敢者的家園。

主持在費城召開的第一屆大陸會議[061]的 7 個主席中，有 3 個是胡格諾教徒：亨利·勞倫斯、約翰·傑伊、伊萊亞斯·布迪諾，出席會議的人中還有很多清教徒。

「以上帝的名義，先生，我們不能對貴格會教徒施以迫害，」有一個美國人很久以前曾說，「他們的信仰也許不正確，但是那些堅守一個信念的人們正是我們所需要的。如果我們一定要迫害，就讓我們迫害那些自鳴得意的人吧。」

哈里特·馬蒂諾帶著她家族那自強不息的血統，如飢似渴地學習知識。20 歲的時候，她已經會說 3 種語言，還可以讀懂 4 種。她熟知歷史、天文和地理，數學老師備課的速度很難滿足她。除此之外，她還會縫織、烹飪和持家。所有這些都是靠艱苦努力得來的。思考也伴隨著她成長。

---

[059] 又稱公誼會或者教友派（Religious Society of Friends），是基督教新教的一個派別。該派成立於 17 世紀的英國，創始人為喬治·福克斯，因一名早期領袖的號誡「聽到上帝的話就發抖」而得名「貴格」（Quaker），中文意譯為「震顫者」，但也有說法稱在初期宗教聚會中常有教徒全身顫抖，因而得名。

[060] 基督教新教中一派，是 16 至 17 世紀英國喀爾文派的信徒，主張以英國國教形式從上層深入進行宗教改革運動，要求清除國教會中保留的天主教舊傳統、繁瑣禮儀和教規，同時反對君主專制，厭惡王公貴族奢侈遊樂的生活。提倡教徒過簡樸生活，因而被稱為清教徒。清教徒在美國影響最大。17 世紀上半葉因宗教矛盾和經濟壓力，大批清教徒移居北美。在最早的 13 個殖民地中，80% 的教會都具有清教傾向。

[061] 大陸會議是西元 1774 年至西元 1789 年英屬北美殖民地十三州的代表會議。由獨立戰爭期間的革命領導機構以及後來美利堅合眾國的立法機構舉辦了兩屆。

20 歲時，一束偉大的光驟然籠罩住了她。愛的到來，揭露出地球和天堂的奇景。她一直都有著虔誠的天性，現在她的信仰因被激發而變得更加精神化。神不再是居住在星空中而遙不可及的，神聖的生活屬於她。它流過她，滋養她，並帶給她力量。

　　勒南 [062] 認為：對很多人來說，之所以信仰停留在一個如此物質的層面上，是因為他們從未了解過那種偉大的被激發的愛 —— 在其中才智、精神和性找到了它們完美的夥伴。愛是偉大的啟蒙者。我絕對相信只有相當少的一部分人經歷過偉大的愛所給予的重生。我們一生都在摸索自己的道路。大自然的首要本性是物種繁殖，她給予男人和女人們過盛的肉體激情，使他們會在熱血澎湃和青春衝動時結婚。女子們會嫁給生活提供給她們的第一個男人，於是她們永遠都沒有可能遇見能把她們的視野帶到更高更遠處以給予她們幫助的愛。歲月很少會讓人冷靜地找到與自己的頭腦和心靈相互結合的伴侶。

　　當愛降臨於哈里特時，她開始寫作，她的第一本小冊子叫《虔誠的練習》。書中那些對神聖事物的冥想和對清澈甜美的祈禱起初是寫給她自己和她的愛人的。但對她來說，能夠對他們有所幫助的東西或許也會幫上其他人。出版之後，這本小冊子在許多年裡一直暢銷不衰，贏得了大批有欣賞力的讀者。

　　今天，在外面的樹下，我讀了馬蒂諾小姐的這第一本書。

---

[062]　歐內斯特·勒南（Ernest Renan, 1823-1892），法國哲學家、作家。

這些來自純淨心靈和健全精神的祈禱是多麼的溫和、甜美、無瑕！在那個時期，哈里特·馬蒂諾已經充分地意識到，上帝是一個偉大的巨人，神會被這個地球上的生物的懇切祈求所感動而改變神的計畫。她的信仰是純粹的一神論，沒有那些關於誰是被保佑的、誰是被詛咒的混淆教條。她根本就不用考慮未受洗禮就離世的嬰兒和未聽說過耶穌就死去的人們該如何處置。她已經接受了必然性的真理，相信生命中的每一種行為都有因果。我們之所以做我們做的事、成為我們自身，是被先前的磨練、先前的行動和狀況所刺激，以及被那來自於我們的生活和過往的經歷所推動的。

如果是這樣，這世界上發生的每一件事都是因為一千年以前或是昨天發生的另一件事，而結果可能沒有什麼不同，那為什麼還有那麼多人對著天堂祈禱呢？

答案很簡單。祈禱是一種情感的練習，一種把自己的意願和神聖的意願協調為一致狀態的努力，一種在平和安詳中分享宇宙力量的沉靜。一個今天祈禱的人，明天就會變得強大一些，這就是禱告的意義。透過正當的思索人類才能成長。行為出自某種明確的想法，這年輕女孩的書是一種對正當思考的有益幫助。這些事情教給我們的道理是如此簡單，一個人不需要去神學院學習它們：如果他願意傾心聆聽，寂靜會告訴他一切。愛真正地解放了哈里特的精神。愛，對這個深知自己生理缺陷的女人的意義遠遠大於其他女人。家庭型的女人傾向於成為一

個更好的妻子，我一生中所見過的最為熱忱的愛──一種更神聖的溫柔，存在於我的一個熟人和他的妻子之間。他體魄健全，而她先天失明。在我初次遇見他們的幾個星期之後，維克多‧雨果[063]的那句話在我耳邊迴響起：「變得盲目並被人愛吧，那是更加幸福的命運！」

但是哈里特的愛人錢囊空空，他的家庭也並不富有，馬蒂諾家族激烈地反對他們的交往。哈里特的母親對此事也很反感，提起它時總是充滿了輕蔑，不過哈里特並不頂嘴，她只是把愛藏在心底，期待著她的愛人有一天能得到聲望和地位，並賺到一些錢，哪怕只是贏得那些工廠主的尊重。

就這樣，日子一天天地過去了，3 年的歲月被拋在了身後。哈里特的愛人的確證明瞭他自身的價值。勤奮學習的他從神學院畢業了，自身的良好聲譽和演講者的才幹立即為他贏得了一個超過他期許的職位。他成為了曼徹斯特神派教堂的一名牧師──這可不是什麼簡單的事！馬蒂諾一家居住的地方，離曼徹斯特──哈里特的愛人布教的地方有很長的一段路，或者說，在那個使用馬車的年代裡很遙遠，而且通信也是一筆花銷。

由於兩地之間的距離，當哈里特寄出了幾封信，焦慮不安地期待回信時，希望總是落空。

有一天，信來了，內容卻是那位年輕有為的牧師病倒了，

---

[063]　維克多‧雨果（Victor Hugo, 1802-1885），法國浪漫主義作家的代表人物，是 19 世紀前期積極浪漫主義文學運動的領袖，一生創作了眾多詩歌、小說、劇本、各種散文和文藝評論及政論文章。

盼望著能見一見他已訂婚的妻子。她準備動身去找他，可她的父母卻反對這樣一件他們認為是空前荒謬的事。她躊躇不決，推遲了去探望他的日期，但很快又決定不惜一切代價也要去找他，她也一直盼望著能聽到一些關於他的好消息。

消息來了，哈里特的愛人去世了。在這之後不久，馬蒂諾家族經過各種投機生意的失敗後，也變得越來越不景氣。哈里特的父親發現大筆的債務已經超出了他的償還能力，他和這場風暴的搏鬥也毀掉了他的健康。他放棄了希望，變得憔悴，最終死去。

馬蒂諾夫人和這個家庭頓時失去了支柱。男孩們被送進工廠做工，兩個年紀大一些且感官健全的女孩去別的地方做家務賺些錢。哈里特·馬蒂諾留下來當家，她依然學習、閱讀，並寫些東西——沒有別的辦法！

6年過去了，哈里特·馬蒂諾的名字成為了這片土地上的一種力量。她所著的《政治經濟學圖解》（*Illustrations of Political Economy*）賣得很好，達到了數萬本。年輕人和老人、富人和窮人、有良好修養的和未受過教育的人們都在閱讀那些小故事。羅伯特·皮爾[064]先生寫了一封鼓勵她的私人信件給哈里特；布魯厄姆勳爵[065]買了一千冊書，並把它們發送出去；理查德·科布

---

[064] 羅伯特·皮爾（Robert Peel, 1788-1850），英國政治家，他被看作是英國保守黨的創建人。

[065] 亨利·彼得·布魯厄姆（Henry Peter Brougham, 1778-1868），英國政治家。

登 [066] 公開讚揚這本書；柯勒律治 [067] 開始追求她；佛蘿倫絲·南丁格爾 [068] 為她唱起讚美歌；俄國的沙皇則下令：「所有在俄國發現的哈里特·馬蒂諾的書一律銷毀。」此外，法國菲利普國王也對她表示憤怒，他曾熱情洋溢地稱讚她，並下令將《圖例》譯成法文，用於公立學校的教學：直到他突然發現書中有一章的標題是「一個叫做『君權神授』的錯誤」，儘管菲利普只是一個「人民的國王」，但他還是匆忙地收回了以前所說的話。

我希望在這裡加上圓括號以標注 —— 一個沒交上熱心的朋友、因為寫了一些不符合這些朋友的想法的東西而在一個小時內失去了他們的作者，不是他寫得不好就是沒人讀他的書。每一個言辭巧妙的傳教士，他的教堂都有兩扇門 —— 一扇供人們進入，另一扇勸誡他們出去。我沒看到過任何人 —— 即使他是神聖的，能期盼自己有 12 個不帶有任何懷疑、拒絕和背叛而跟隨他 3 年的門徒。如果你有想法，並真誠地訴說你的心意，那麼他們離開你的日子也就不遙遠了。

哈里特·馬蒂諾本質上是一個鼓動者。她全面徹底地進入生活，沒有任何一種存在逃得過她犀利敏銳的思想。從寫給女傭們的行為指南，到對首相的長篇建議，她的作品從不過時。人們爭相傳閱她的書籍，他們熱愛、尊敬、敬畏並憎恨她。

[066]　理查德·科布登 (Richard Cobden, 1804-1865)，英國政治家、製造商。
[067]　山繆·泰勒·柯勒律治 (Samuel Taylor Coleridge, 1772-1834)·英國詩人、文學評論家；英國浪漫主義文學的奠基人之一。
[068]　佛蘿倫絲·南丁格爾 (Florence Nightingale, 1820-1910)，英國護士和統計學家。出生於義大利一個來自英國上流社會的家庭。

當她的政治經濟學故事銷量達到頂峰時，政府給了她一份申請書，她能得到一筆一年兩百英鎊的津貼。這種津貼名義上是對傑出工作或英勇事蹟的獎勵。不過，這種津貼也會帶著其他的意味 —— 它常常暗示著接受者不要去冒犯或反對給予者。如果我們追溯君主體制授予津貼的真實內在歷史，我們就會發現那通常都是些老練的外交手法。

哈里特沒有對美國政府提供的慷慨供給做出回應，她仍然以自己的方式繼續工作著。不過津貼的供給也提醒了她明智地為自己累積一筆存款，這樣在沒有足夠的賺錢能力時，她便可以用這些錢來過活。她寫的兩本關於美國之行的書一共賺了7,500 美元。她用這筆錢買了一份養老保險，從 50 歲到去世，她每年可以拿到 500 美元。在格布拉街 [069] 的任何地方我們都找不出比這個殘疾女人更睿智的人。那時候，她還要贍養已經失明的母親，照顧一個貪杯的酒鬼兄弟。

在給哈里特發放第一筆津貼的 25 年之後，政府重提了這個建議。不過哈里特說她的需求很少，她的願望很簡單。總之她可以自給自足，除此之外，她也不贊同只獎勵有所作為的人，而忽略那些恪守職責、地位低下的勞動者。如果她確實需要幫助，她也可以像其他老女人不得不做的那樣，向教區提出申請。

馬蒂諾小姐獨自為《倫敦日報》寫了 1,642 篇社論。她還寫過 200 餘篇的雜誌文章，出版了 50 多本書。她的作品不是經典

---

[069] 倫敦的一條舊街，潦倒文人群集之處。

名著，因為都是適時而寫她給那個時代帶來的影響是廣大而深遠的，受到所有有思想的人們的讚許。一個影響了她那個時代的思想的人，也會影響新的時代，在永恆中留下了她的印記。

關於什麼是哈里特·馬蒂諾最好的作品，有很多種不同的意見。在我看來，當所有其他的作品都被遺忘時，她將奧古斯特·孔德 [070] 的六卷書改為兩卷的翻譯縮寫還會長存於世。孔德的筆觸下有太多的重複和辭藻堆砌。與其說他是個作家，不如說他是個哲學家。他的文章主題總是很廣，不過他恰到好處地表現出了自己的勇敢。馬蒂諾小姐，訓練有素的作家和思考者，並沒有拘泥於文字的逐行翻譯──她抓住了主題，翻譯出的思想遠勝於語言。因此，她的譯作版本再次被逐字譯成法文，並成為公認的實證主義教科書，而那位哲學家的最初版本僅被擺在博物館和好奇的藏書家的書櫃上。

孔德說一個人在他的發展中會經過三個明顯的精神階段。首先，他將所有的現象歸結為一個「個人的上帝」，並對袍奴隸般地祈禱；第二，他相信一個「至高本質」──「宇宙法則」或是「初始動力」，並探尋以發現它們的藏匿之處；第三，他停止搜尋那些不可知的事物，心甘情願地為了一個積極的當前的善果而生活工作，完全相信今天做到最好就必然會帶給明天最

---

[070] 奧古斯特·孔德（Auguste Comte, 1798-1857），法國哲學家、社會學家、實證主義的創始人。主要著作有：六卷本的《實證哲學教程》（*Cours de Philosophie Positive*）、四卷本的《實證政治體系》（*système de politique positive*）以及《論實證精神》、《實證主義概論》、《實證宗教教義問答》等。

好的結果。

　　哈里特一直認為，造成文明進程緩慢的一個原因是人類花了太多時間去關注超自然的事物，用膽怯的努力祈求另一個世界的安全感。人類努力嘗試著與天空和平相處，而不是和他們的鄰居們和平相處。她認為她很清楚活著的人是一種存在，而對神學的教條信仰則是另一種。她當然承認這兩者有時會結合在一起，不過她不相信一個存在於「代理贖罪」和「奇蹟構想」中的信仰可以讓一個人成為一個更溫柔的丈夫、更友好的鄰居或是更愛國的公民。一個人之所以做他的事，是因為在那一瞬間那是最好的選擇。如果你能使他們相信和平、真理、正直和勤奮是可以採用的最好的標準，也帶來最好的結果，那麼所有人都會接納它們。

　　通常會有這樣的說法：沒有什麼獎賞和懲罰，只有好的結果和壞的結果。我們播種，而後收穫我們的果實。

　　馬蒂諾小姐一直相信這樣的事情，只是孔德證實了它們 —— 在六冊厚重的書卷中證實了它們，她將精簡他的哲學觀點視為己任。

　　我從未聽人們提過孔德的思想吸引哈里特・馬蒂諾的原因，就是他將對愛的價值的精神態度建立在了一個有順序的感情生活之上。

　　在成年的大好時光裡，敏感、輕信、大方的奧古斯特・孔德愛上了一個美麗的女子。她無法分享他的雄心和他神聖的熱

望，她只是一隻漂亮的動物。男人求婚，並不是永遠都會被接受的。她嫁給了別人，而孔德黯然神傷 —— 只是一天。

他深思這個問題，讀了各式各樣的偉人傳記，和僧侶還有修道士們談心，5 年後他寫出了長長的失戀的原因 —— 一個男人，為了完成宏大壯麗的作品，必須過孑然一身的生活。「為了完成它，」孔德寫道，「你必須和你的作品結婚。」

孔德知足地活在這個理論中，不懈地鞏固、堅持它來對抗抨擊。但是就算我們起初相信一件事，後來的實踐也會帶來一些心理抗爭。當過了 40 歲時，孔德的頭髮開始露出銀色，魚尾紋也出現在了他美好的臉上。在他的腳步躊躇不定，笑聲也變得疲憊無奈時，他遇到了一個女人，一個有著和他一樣細微敏感和優美強大的天性的女人。她具備才華、熱望和力量，同時她也很溫柔·很有女人味。他的心緒狀態和她的互相匹配，她對他的最高理想也懷有共鳴。

他們相愛了，結婚了。

魚尾紋從孔德的臉上消失了，他不再躊躇，爽朗的笑聲又重新回來了，人們說他頭髮中的銀色也顯得很得體。

不久之後，孔德開始進行推翻修正他以前關於獨身必要性的愚蠢論斷的工作。他宣稱，一個沒有伴侶的男人在他一生的路上只有磕磕絆絆。男性和女性，只有在一起工作才有希望使這兩顆靈魂進步。對於思想的產生，這兩者也缺一不可。孔德相信這是他生命中想說的最後的話了，他表明再也沒有更多的

話可說。他宣稱如果妻子離他而去，他靈魂的源泉就會枯竭，他的頭腦也會飢餓，他生命的光芒將會被黑暗吞沒。

神嫉妒這樣的愛。

孔德的愛侶過世了。

他受到了重創，這場災難如此巨大，無法訴說，無法哭泣。

5年之後，他又取下自己的書，審閱手稿，再一次修正他那些關於什麼是構成最高、最純粹思想的真正條件的哲學理論。他寫道：「體驗一次偉大而尊貴的愛，再看著它從你指間流逝，像陰影一樣消散。只活在愛的記憶中是無上的好事。巨大悲痛的一擊從所有微小的煩憂中換得了回報，它將所有瑣細的煩惱化為灰燼，並從所有微小的煩憂中授予一個人終生的自由。」他的情感墜入深谷，像鉛錘觸到了底端。命運做了她所能做的最壞的事——她讓他面臨了極度的不幸，而在那以後，再也沒有什麼可以激起恐懼。

關於偉大的愛的記憶是永遠不會從心中死去的。它提供了一塊能抵禦所有風暴的鎮船之寶。雖然它帶給我們一種無法言說的悲痛，但它也給予我們一種無法言說的平和。

偉大的愛，即使被完全占有，也無法讓我們徹底滿足。在它的內部有一種躲避所有占有方式的本質。它最高的用途似乎是做高貴努力的淨化劑。它最終會說：「從現在起，起身吧，因為這裡還不是你的休憩之所。」

關於偉大的愛那無法讓人忘懷的地方，永遠都有寬恕、慈愛和一種使一個人對那些忍受遭遇的人所產生的兄弟般的同情。他自身已不再重要，他沒有什麼可期待的，沒有什麼可得到的，沒有什麼可贏取的，也沒有什麼可失去的，第一次也是最後一次，他有了一個寬廣如世界般的無私自我，在那裡沒有錯誤回憶的空間。在這偉大的愛的記憶中，有一個滋養持有者生存和工作的力量源泉，他與自然的力量相通。

　　哈里特·馬蒂諾在心靈上是一個終身的寡婦。她少女時代的第一次偉大激情 —— 那丟失的愛，在生命中與她相伴，成為了清晨第一刻和夜晚最後一刻在她頭腦中掠過的思緒。曾經也有過不同性質和程度的愛降臨在她身上，但是都被這至高的愛所融化吸收了。這份愛能讓人了解力量的奧祕。

　　偉大的愛是一種痛苦，也是一種祝福與恩賜。如果我們能將自己的一種擁有物從這個世界帶到另一個世界，那麼它就是對偉大的愛的記憶。因為即使是在生命的最後時刻，當死亡的陰冷侵入變得僵硬的肢體，頭腦開始眩暈、思想就要窒息的時候，會有一個名字出現在舌尖，一個許多年沒有被提起過的名字 —— 會有一個名字出現，當生命最後的微光突然閃耀起來，即將永遠離開地球的時候，舌頭會說出這個很久以前被愛的激情烙進靈魂的不曾褪色的名字。

第五章
夏綠蒂·勃朗特
CHARLOTTE BRONTE

> 　　走進大廳時我並不吃驚，我看見六月燦爛的晨光接替了昨夜的暴風雨，我感覺到穿過玻璃門撲面而來的清新芬芳的微風。我如此快樂，大自然也讓我身心愉悅。一個女乞丐和她的小男孩，面色蒼白、衣衫襤褸，正朝這邊走來。我跑過去把錢包裡所有的錢都給了他們，有三四個先令 —— 無論是好是壞，他們一定要分享我的狂喜。烏鴉在鳴叫，小鳥唧唧喳喳地唱著歌，但是沒有什麼會像我的心情一樣歡暢。
>
> 　　　　　　　　　　—— 《簡·愛》（*Jane Eyre*）

傳說有這樣一些美國人，只有當他們被看作是英國人時才會開心。我也發現了一些有類似癖好的愛爾蘭人——他們希望被看作是法國人。歐洲旅館登記簿上像「奧布萊恩」這樣不錯的真名常常會變得不倫不類。在美國，有君王風範的名字首碼「O」不止一次地被改為「馮（Van）」或是「德（De）」——這也許更加恰當，它們都有著相同的意思。造成這種傾向的一個原因也許是聖派翠克 [071] 是法國人，儘管他不是因為自己的國籍而被選為守護聖徒的。但是愛爾蘭的守護聖徒是一個法國人，這是一件多麼自然又多麼恰當的事情啊！整個翡翠島 [072] 都應該傾向於那些熱愛藝術，喜歡燉兔子的人們。總之，從自豪的祖傳名「派特里修（Patricius）」演變為簡單的「派特（Pat）」是一大退步，帕迪（Paddy）[073] 和我一樣，都希望原始名被重新使用。當來自愛爾蘭唐郡的派翠克‧普朗蒂抖落掉周遭的束縛和沼澤裡的泥漿 [074]，橫渡海峽來到英國，出現在劍橋大學聖約翰學院的大門口時，我很高興他報上的名字是「P‧勃朗特先生」——重音放在了最後的音節上。

有這樣一個廣為流傳的高雅神話，說到牧師是被「召喚」而來的，而其他人則是自己選取一種職業或得到一份工作。但我認識的新教聖公會牧師卻不是那樣的，很多人都只是宣稱自己

---

[071]　愛爾蘭的守護聖徒，他奠定了愛爾蘭教會的信仰基礎。
[072]　愛爾蘭的別稱。
[073]　派特里修的暱稱。
[074]　愛爾蘭因為多沼澤地而被戲稱為「沼澤之國」。

被「召喚」而已。他們從事這種職業，因為它為他們帶來了榮耀並提供了「生計」。他們也可以因此而做善事 —— 所有人都想做善事。他們把自己趕進神學院，在那裡學會午前禱和伶牙俐齒的祕密，並會見牧師裁縫以準備去接受榮耀和取得「生計」。在仔細研究過派翠克‧勃朗特的生平後，我沒有發現他的志向超出了那些我所指出的令人愉悅的事 —— 就是說，將榮耀和「生計」包含在內。

　　他高大健碩，膚色較暗，是一個充滿力量和野心勃勃的傢伙。他奮力一搏，大膽地敲響了劍橋大學的門。他也是一個很不錯的學生，儘管有些喜歡爭論，有時也會惡作劇 —— 把他的能量用在完全沒有必要的事情上，就像愛爾蘭人樂於做的那樣。他戀愛了，當然，一個戀愛中的愛爾蘭人就好像正在噴發的維蘇威火山 [075]。我們知道至少有一位迷人的女孩拒絕嫁給他，不像奧賽羅 [076] 那樣，他拒絕講出自己的身世。也許那些不願供出他的「同夥」，不是流氓無賴就是浪子。不過從始至終，除了他「來自唐郡」和他的名字是「普朗蒂」，勃朗特先生似乎也沒有什麼更糟糕的事情可以隱瞞了。他不肯屈服，仍然不願意說出他的身世來緩解氣氛，所以那個女孩先是哭了起來，後來開始咆哮，最終勃朗特也咆哮起來，然後離開了。女孩和她的父母堅信這個法國人一定是一個逃脫了法律制裁的謀殺犯。這

---

[075] 位於義大利西南部，是歐洲大陸唯一的活火山。
[076] 莎士比亞的四大悲劇之一《奧賽羅》（Othello: The Moor of Venice）中的人物。

是幸運的，是的，勃朗特和那個女孩最終誰都沒有絲毫動搖，這件事為這個世界帶來了極大的幸運。

勃朗特完成了學業，帶著他價值兩便士的榮譽走出了校門。30 歲的時候，他在約克郡一個叫哈斯海德的破舊小鎮中擔任副牧師。年輕的布蘭威爾小姐從彭贊斯來到這裡探望她的叔叔，可敬的勃朗特牧師先生立即狂熱地愛上了她秀美的外型和溫柔的氣質。我用「狂熱地」這個詞，因為勃朗特是這樣的男人。達爾文 [077] 說：「愛的能力只會被新鮮感喚醒。」那些穿著她們最好的衣服出門拜訪他人的女子們，一定會找到愛人。在美國，三分之一的婚姻都是這樣發生的：美好的著裝讓年輕男子驚喜不已，弄得他們眼花撩亂、魂不守舍，於是他們便向女孩們示愛並立下婚約。

就這樣他們結婚了 —— 派翠克·勃朗特牧師與瑪麗亞·布蘭威爾小姐。他高大、勇敢、專制；她嬌小、羞澀、敏感。他們生下兩個孩子 —— 一個在一年之內，另一個在隔一年之後。我們確信，這個秀美嬌小的女人也有她的苦惱。她的聲音對於我們來說只是哀傷的回音。當她請求別人把麵包遞過來的時候，她也總是道歉。有一次，她的姑姑送了一件很漂亮的絲綢衣服給她作為禮物 —— 鄉下牧師的妻子可沒有很多的奢侈品，派翠克·勃朗特當著她的面把那件衣服剪成碎條扔在地上，然後用

---

[077]　查爾斯·勞勃·達爾文 (Charles Robert Darwin, 1809-1882)，英國生物學家，進化論的奠基人。

腳將它們踢進了壁爐，他這樣做是為了教妻子學會謙卑。他也曾練習用手槍射擊，並在屋裡開槍來讓這位女士鎮定，他自己卻經常酩酊大醉。有一個疲憊弱小的妻子和一些卑微低下的民眾，勃朗特這樣的人在這個小鎮裡就是一個暴君。他為那些沒有價值的瑣事忙碌，尋求愚蠢的細節。鄰居們放任他，他的妻子也沒有辦法。這樣的結果就是他越來越肯定自己的意志，確信智慧將和他一起消亡 [078]。

然而勃朗特也寫出了一些很不錯的詩歌，如果他能正確地發展這些才能，也許就會成為一個出色的人。他應該到倫敦去，在那裡和像他一樣強大的人們競賽。命運應該揪著他的頭髮，把他的頭撞向石牆，狠狠地揍他一頓，將他踢上正軌，讓他學會謙卑。經歷這種混戰的洗禮之後，我們或許會得到一個出類拔萃的產物。

勃朗特夫人被診斷出患了癌症。一個男人不會永遠地逼迫一個女人，上帝是仁慈的 —— 她死了。小瑪麗亞·布蘭威爾度過了 8 年的婚姻生活，她離世的時候留下了 6 個孩子，「都是同一尺寸。」一個女鄰居說道。在她的墓上有一塊丈夫為她立的墓碑，上面寫著給路人看的碑文：「她離開去見她的救世主了。」下面還有幾行警告所有女人的話：「妳也應該做好準備，因為在妳思考的此刻還不是人之子 [079] 到來的時候。」

---

[078] 《約伯記》12：2 中的「你必是那人，智慧將與你一起消亡」。

[079] 基督教用語。據《新約》記載，耶穌是上帝的兒子，為救贖人類，降世成人，自稱「人之子」。世人也稱耶穌為「人之子」。

失去母親的孩子們中有 5 個是女孩，1 個是男孩。

當你站在霍沃斯的石頭教堂，讀到瑪麗亞·布蘭威爾的碑文時，你也可以讀到她留下的那些孩子們的死亡紀錄。這位母親死於西元 1821 年 9 月 15 日；她最小的女兒，瑪麗亞，死於 1825 年 5 月 6 日；伊莉莎白，死於 1825 年 6 月 15 日；派翠克·布蘭威爾，死於 1848 年 9 月 24 日；艾蜜莉，死於 1848 年 12 月 19 日；安妮，死於 1849 年 5 月 28 日；夏綠蒂，死於 1855 年 3 月 31 日。這些上帝所愛之人都英年早逝。牧師派翠克·勃朗特則活到了 85 歲。

我在凱里下了火車，按當地人的口音應該叫做「基斯里」。我把提箱留在了火車站站長那裡，步行出發去 4 英里外的霍沃斯。

凱里是一個製造業發達的鎮子，在那裡各式老舊的官邸寓所都被改成了工廠，新的工廠也拔地而起。它們都是些方方正正、乾淨整潔的建築，帶著防火梯並在屋頂上配備了紅色蓄水池。

在這些老舊的寓所中我看到了一個銅質的屋頂，在陽光下像一片碩大的蘇必略湖 [080]，閃著綠寶石般的光芒。它座落在離大路後方有一定距離的地方：在一側的大門柱上有一塊黃銅標牌，上面寫著：「卡迪根府」；另一側門柱上的標牌寫著：「禁止

---

[080] 蘇必略湖是世界上面積最大的淡水湖，北美洲五大湖之一。由美國和加拿大共有。

入內 —— 在辦公室申請」。於是我就去辦公室申請。那顯然是一間古老的門房，我進去問卡迪根先生是否在這裡。4 個坐著高凳、正伏在厚大帳本上的職員放下手中的筆，把他們的旋轉椅撐過來，張大了嘴瞪眼看著我。我重複了剛才的提問，4 個人中有一個戴著眼鏡、脖頸上長著鬍子的氣喘吁吁的小老頭從他高高在上的位置上爬了下來，挪到我跟前，繞著我轉了一圈，充滿好奇地打量我。

「繼續你們的工作，你們這些懶蟲！」他突然命令其他人說。然後他對我解釋說卡迪根先生不在，傑克遜先生也不在。實際上，卡迪根先生已經有上百年沒在這裡了，他早死了。但是如果我想看看貨品的話，我可以得到比蘭農市場絕對低 5 個百分點的價格。小老頭的態度很認真誠懇，讓我覺得再把玩笑開下去是一種罪過。我解釋說我只是一個觀光客，想來看看獨特的風景，這使得這個老人對我的尊重程度降低了 10 個百分點。不過我領悟到，卡迪根勳爵以他的名字來為羊毛衫命名，這已經為他贏得了不朽的聲望，就像「耶格」這個名字在時間的長廊裡一直與「衛生衣衛生褲」[081] 連繫在一起一樣。

這座漂亮的府邸曾是高貴的卡迪根家族的祖傳住宅，但在倫敦揮霍無度的吃喝和豪賭讓這個家族逐漸敗落，於是這座古老府邸的命運落在了拍賣員的錘子下。拍賣員的小錘是多麼威

---

[081] 西元 1884 年，德國動物學及心理學教授古斯塔·耶格宣稱，將羊毛織品貼身穿著是十分合適的，他呼籲人們用羊毛織品替換其他的織物，這引起了極大的爭論。

力無比的物件啊！在大客廳、藏書房、大堂和會賓室裡，有此起彼伏的多軸紡織機的呀嗒聲和旋轉滑輪的沉悶轟隆聲。在這運轉機器之歌上，還有那些正在工作的女人們的歌聲——她們的嗓音單獨聽起來也許有點刺耳不動聽，但是當和工廠那單調的轟鳴聲結合在一起時卻真的是優美悅耳。

「我們無法讓這些討厭的傢伙們不唱歌。」老人帶著歉意說道。

「幹嘛要這樣做呢？」我問。

「啊，朋友！她們唱的是聖歌，還有讚美詩，而且是在 20 個房間裡一起唱，每天 100 次。『就像在最初一樣，現在也是，一直到永遠，世界沒有盡頭，阿門！』這樣可不行，我已經告訴過傑克遜先生了。你聽，是不是像我說的那樣？」

「那麼，你是教徒嗎？」

老人取下他的眼鏡，對我說他是教徒，雖然 54 年裡來他一直都不是很盡責，但他會參加下一次的米迦勒節。他一直生活在這裡，就是在小河的那邊出生的——他的父親是卡迪根勳爵的獵場看守人，後來當了代理商。他曾到過霍沃斯很多次，不過有 10 年沒去過了。他跟派翠克‧勃朗特牧師很熟，因為這個霍沃斯的牧師過去曾在凱里傳教，一年一次，有時候兩次。勃朗特是一個很好的人，他有著適合吟誦的優美嗓音，在排除異教徒這類事上他很嚴格。他經歷過太多的磨難：他的妻子死了，留下了 8 個還是 10 個孩子給他，他們都很聰明，不過很不

聽話。他們帶給他不少麻煩，尤其是那個男孩。一個女兒嫁給了勃朗特先生的助理牧師尼科爾斯先生，他是一個非常正派的人，每年會來凱里一次，而且每次都會到工廠來，視察這裡的情況。

是的，尼科爾斯先生的妻子在很多年以前就死了。她生前喜歡寫東西——小說，不過人們不應該去讀小說，小說都是些根本沒有發生過的故事，它們講述的人也並非真實地存在於生活中。

我不想舉出反例來和他辯駁，我和老人握了握手，動身離開了。他和我一起走到大路邊上，告訴了我去霍沃斯的正確路線。

走到一個拐彎處，我回過頭去，看見那4個職員正貼在辦公室的窗戶上目不轉睛地看著我。在機器的喧鬧轟鳴聲之上，聖歌的聲音飄揚在夏日的微風中——尖細的女聲：

「就像在最初一樣，現在也是，一直到永遠，世界沒有盡頭——阿門！」

走出凱里，鄉間的小路上到處都是石頭，樹木被拋在身後，四周翻騰起紫色石楠叢的波濤。道路好似《天路歷程》（The Pilgrim's Progress）[082] 中通往天堂的路那般讓人行走艱難。山坡的荒野上散布著由山上的細小水流匯集成的清泉，它們化為小

---

[082] 英國著名作家約翰·班揚（John Bunyan, 1628-1688）的代表作，它被譽為「英國文學中最著名的寓言」。

溪，接著變成小瀑布或是小河。前往霍沃斯的路上，隨處都有這樣一條歡騰奔流的小河穿過公路，還有一個虔誠地守護著「卡迪根」這個名字的工廠。工廠的旁邊是一個小酒館。那些公共建築和工廠在這條路上交錯成行，混在其中的是一排排精緻的石頭小公寓，蓋著石板做成的屋頂，不過籠罩在它們上方的荒涼汙穢的空氣想必會使居住者們感到難受。想要有一個家，就得自己動手搭蓋。40 座房子連成一排，全都一模一樣，讓人根本就沒有家的感覺。

曾經有一個觀察力敏銳的人寫過這樣一句話：「手被它所從事的工作馴化」。寫這句話的那個人一定從來沒有在 12 點的鐘聲敲響時單獨走過霍沃斯的路。一群五顏六色的人從工廠蜂擁而出，有男人、女人和孩子們，他們不僅僅是手被染了色，而且衣服、臉和頭也一樣。有著鮮綠色頭髮和檸檬色臉蛋的女孩們衝我拋著媚眼，她們的帽子歪歪斜斜，長襪也滑落下來，披肩耷拉著，亂糟糟、急匆匆地衝向酒吧或是自己的家。紅色和栗色的孩子們奔跑著，鮮紅色的男人們麻木地抽著菸，從容不迫，有著真正冷酷的約克郡人的沉悶乖僻。

「這裡離霍沃斯還有多遠？」我向一個怪人打探道。

「如果你肯出錢買雙份的混合啤酒，我就告訴你。」他猛地把拇指橫在肩頭指向附近的一個酒館說道。

「沒問題，」我說，「我會買雙份的混合啤酒給你。」

那個男人看起來有些驚訝，不過在他帶我去酒館的路上，

他那七彩斑斕的臉上並沒有一絲笑容。那個地方擠滿了男人和女人，爭搶著購買廉價的三明治和發酵酒精飲料。其中有一些女人還抱著嬰兒。母親工作時，這些嬰兒們都待在家裡由年長的孩子照料。當母親們大口灌下酒、吞下大塊黑麵包的時候，這些天真無邪的寶寶們也在進餐。母親們有時會允許大孩子們啜一口她們的啤酒，或者讓他們喝光。這時一個紫色頭髮的女人突然發現了我，她用假聲叫著：

「啊，桑迪‧麥克盧爾抓到了一個紳士。為什麼我沒先發現他，讓他做我的寵物？」

我結帳買混合啤酒時大家一陣哄笑，還不停地爭論，而我結實的拐杖則讓我免遭了「親密接觸」。我待在那裡一直到工廠的鈴聲敲響，我的新朋友們急忙跑出去，生怕晚了 5 分鐘被鎖在門外。一些人離開時還和我握了手，還有一些用力拍我的後背祝我好運，幾個和我一起玩遊戲的女孩們大喊：「該你了！」

我以前認為約克郡的人都有著無可救藥的呆板和無與倫比的愚鈍，還喜歡爭吵、極端狹隘。不過我開始得出一個結論，那就是在他們沉悶的方式下常常隱藏著奇特而嚴肅的幽默，在頑固的外殼裡其實有著很好的脾氣。

沒有了高大的樹林，我可以看見霍沃斯的村莊就在幾里外。它緊緊吸附在石頭山腰上，似乎害怕被風吹上天空。在那裡也有一條奔騰歡鬧的小河，它推動著一個紡織機的小水磨。成排的房屋座落在街邊，還有一個帶著平坦院子的「黑公牛」酒

館。完全感覺不到美好歡樂的英格蘭那誘人的玫瑰、柔軟的草地、林立的紫杉樹和有花朵點綴的灌木籬牆 —— 在那裡畫眉鳥和紅雀終日玩著捉迷藏的遊戲。這裡到處都是覆蓋著青苔的冰冷灰色的石頭，那些房屋並不想邀請你進去，花園也不好客，只有沼地的紫色巨大的荒蕪像朋友和兄弟一樣歡迎你。

在「黑公牛」酒館外坐著一個孤獨的馬車夫，他似乎覺得表現出好心情是一種軟弱，所以他就把好心情用瓶子裝了起來，緊皺著濃密的紅色眉毛。

從大街上分出了一條通向教堂的窄路，那是一座四方的又灰又冷的教堂。旁邊是牧師的住所，用的也是相同的建築材料，更遠處有一片擁擠的墓園。

我不停地敲著牧師的門，想見見教區長。他去肯德爾出席葬禮了，不過她的妻子在家，她是一個友善慈祥的女人，將近60歲，有一頭順滑的白髮。她開門時手裡還忙著編織活，不過從她拘謹的笑容裡我能看出這裡不經常有來訪者。

「你想看看勃朗特的家？很好，進來吧。這是派翠克・勃朗特牧師的書房，他曾在這個教區任職 50 年。」

她哼著小曲穿針引線，打量著腳下 —— 因為她的長襪快掉下來了，那是一雙腳尖是白色的藍色長襪（儘管她不是才女）[083]。她不停地帶著我從一間屋轉到另一間屋，講關於勃朗特一家的事給我聽。

---

[083]　英語中藍色長襪（blue stocking）也有女學者的意思。

這裡曾經住過父親、母親和他們的 6 個孩子。母親很早就去世了，接著有兩個小女孩也死了。剩下了三個女孩和一個叫布蘭威爾的男孩。男孩得到父親和所有人的重視和寵愛。他是個一心想要做大事的人。他讓女孩們服侍他，如果她們不這麼做他就打她們。他不停地對她們說他要去做的事，不過他從來沒有去做那些事，因為他把時光都扔進了酒館裡。不久，他也死了——死於酒精中毒。

那三個勃朗特家的女孩，艾蜜莉、夏綠蒂和安妮，每個人都寫小說，不過她們從來沒給父親或是其他任何人看過。她們幫自己取了筆名——柯勒、艾理斯、阿克頓‧貝爾：她們寫的小說是最好的——而且都是自己寫的，沒有任何男人的幫助。她們的父親對此惱怒至極，不過當她們的書開始賣錢，他對此事的態度才有了一些好轉。艾蜜莉在 27 歲的時候就死了，她是她們中最耀眼的一個。然後安妮也死了，只剩下夏綠蒂和她的父親。夏綠蒂和父親的助理牧師結了婚，但是老勃朗特沒有參加他們的婚禮，他去了「黑公牛」，是伍勒小姐[084]在婚禮儀式上把新娘交給新郎的——總得有一個人來做這件事。新娘那時已經 38 歲了，沒過一年她就死了，只有老勃朗特先生和夏綠蒂的丈夫還一起住在這裡。

這裡以前是夏綠蒂的房間，就是在這張桌子上她寫出了《簡‧愛》——至少人們是這麼說的。這是她坐過的椅子，在那

---

[084] 伍勒小姐曾經是夏綠蒂的老師。

玻璃框下有一些她的手稿。字跡太小幾乎看不清，不過寫得很漂亮而且很工整！她擁有美妙純潔的身體，嬌小精緻又文雅，她還很好地繼承了她父親的精力。

這裡有一些她寫的信，如果願意的話你可以看看。這個腳凳是她自己做的，裡面裝著石楠花 —— 都是她當初放在裡面的。這些書也是她的，其中有很多是一些大作家給她的。看，那裡有薩克萊本人的簽名，書裡還貼著一封他的來信。他是個大人物，不過他寫的是一些小人物，夏綠蒂也像他一樣寫作。現在有成百上千的人都像他們那樣寫作。這裡有一本署名是馬蒂諾小姐的書，還有一本書來自羅勃特·白朗寧 —— 你知道他是誰嗎？

教堂的大門永遠都敞開著，你可以進去隨便待多久。大門口有一個盒子，如果願意的話，你可以放些什麼在裡面 —— 大多數遊客都放了一枚六便士的硬幣，當然，你也可以放一先令。你知道我們這裡不是一個富裕的教區，如今毛織品都被送去了曼徹斯特，工人們只拿著一半的薪水，市面也很蕭條。有機會你應該再過來，在石楠花盛開的時候來，你會嗎？就這樣吧。哦，等等！花園裡那棵黃楊樹是夏綠蒂親手種的，或許你想要一根枝條留做紀念，就在那邊，我想你會因此而來的！

所有寫勃朗特一家的作者都會盡述他們生活中的哀痛和悲劇。他們描繪的夏綠蒂一生中完全沒有幸福，也缺乏那些甜蜜和帶來好運的事。他們忘記了她曾寫出《簡·愛》，一個絕對悲慘

的人是不會寫出偉大的作品的。我想他們並不了解，那種傑作完成之後跟隨而來的激烈美妙、令人心醉的快樂。不可否認，《簡·愛》是一部悲劇，但是一部悲劇的作者肯定要比故事中的主角更偉大——比她的「木偶」更偉大。她是他們的創造者，她的生命貫穿於他們的體內。就像偉大造物主的生命流過我們的身體一樣，在神的內部我們存在並生活著。我認為一部悲劇的作者在構想英雄式的情節和渴求膨脹的激情時，是不會沮喪失望的。當演出終結，第五幕的帷簾垂下時，仍有一個人存活著，那就是作者。她也許飽食了罪行，飲足了鮮血，但是當她看著自己用頭腦加工出的毀滅時，在她的血管中奔湧的會是狂喜。

夏綠蒂熱愛那伸展寬廣的紫色沼地、一座接一座隱入永恆迷霧的山巒。那些在窗櫺前嘆息嗚咽的、或是在屋頂上憤怒咆哮的狂野的風，都是她的朋友。她愛著它們，把它們當作前來拜訪的精靈。它們是她的道具，沒有一個作者能像夏綠蒂·勃朗特那樣精湛地使用風、雲和傾盆大雨來描繪故事場景。人們指出，那些互相追逐的憤怒的雲塊和從滴著雨的薔薇叢吹向村舍窗戶的寒風證明了夏綠蒂·勃朗特的慢性憂鬱，他們並不了解那種在暴風雨中穿行的熱切的喜悅。我敢說他們從來沒有做過這樣的事，像一個我認識的人在昨晚做的那樣——10 點的時候裝上馬鞍，向黑暗中飛馳而去，在 11 月嘆息著、嗚咽著、咆哮著的疾風勁雨中飛濺起陣陣水花。那裡有快樂在等著你！坐在擋

板前烤著腳，圍在自動添煤的火爐前孕育著頭痛的人們啊，其實還有一種你們永遠無法想像的生活！

夏綠蒂熟識那些夜晚的雲朵，還有忽隱忽現的敏捷巡遊的月亮。她熟識星光鑽透的縫隙，當獨自站在吹散她愁的微風中時，她高聲感謝這一切帶給她的快樂，她的靈魂和天空中吹過的狂風一樣狂野不羈。

住在美麗寂靜、玫瑰四季常開的山谷中的人們，不用刻意地開心。

南加利福尼亞 —— 世界的伊甸園中患精神憂鬱症的人口比例逐漸上升，已經和寒冷荒涼的緬因州持平了。比起美麗的英格蘭，荒蠻險峻的蘇格蘭為世界貢獻了更多的天才。我發現人們寧願和年復一年面對著北大西洋冬日暴風雪的水手傑克待在一起，也不願意與將蚊子當作最大敵人的佛羅里達誇誇其談者為伍。

夏綠蒂‧勃朗特寫了三本不朽的書：《簡‧愛》、《雪莉》(Shirley) 和《維萊特》(Villette)。在那間石頭山腰上孤單寒冷的牧師小屋裡，她用她靈動的思想纖絲套住了世界。她看到了自己的勝利。她得到了錢和所有她想要的 —— 榮譽、朋友和無限的讚美。她是那個時代最重要的女作家，她的名字被每個人記住。她在這世界上做過公平的抗爭，沒有贊助人、沒有那些靠吹捧他人賺錢的人，也沒有讓她有影響力的朋友為她開道。她的天賦是公認的。她實現了所有她想要做的以及更多的事。偉

大的人、有學識的人、有頭銜的人、傲慢的人 —— 所有這些人都敬重這個顆柔寬廣的心靈，將夏綠蒂·勃朗特視為皇后。

所以為什麼要空談她的悲哀！難道她沒有把它們放進她的藝術中嗎？為什麼為她的遭遇哭泣，這些不正是她取勝的武器嗎？為什麼穿著麻衣坐在那裡痛惜她的早逝 —— 那也是許多人命中注定的事情，不正是因為有她，那座墓才被勝利的光環所籠罩嗎？

第六章
克里斯蒂娜‧羅塞蒂 CHRISTINA ROSSETTI

> 我的生活只是一個工作日，所有的任務被正當地安排：工作、禱告，然後是寂靜的夜晚，上帝保佑，讓它成為一個穿著白衣的聖徒和天使們走過的寂靜的夜晚。最後是一場經歷了勞作和悲傷後的酣睡。直到次日甦醒。
>
> ——《忍耐》

在遺傳學研究方面，羅塞蒂的家庭是最有意思的。天才似乎是罕見的東西，如果在整個家族的族譜上發現一個顯露的突起，我們會習慣性地在記憶的表格裡做上一個紅色的標記。當我們談起赫雪爾一家[085]、勒南和他的姐姐[086]、比徹一家[087]、菲爾德一家[088]時，都帶著一種敬畏，我們注意到大自然在賦予人類出眾的才華時總是那麼吝嗇，並且也許永遠不會再做相同的事。因此有誰可以忘記羅塞蒂一家呢——兩個兄弟加百利‧但丁[089]和威廉‧邁克爾[090]，還有兩個姐妹瑪麗亞[091]和克里斯蒂娜：每個人都非同尋常，而且又都以一種奇特的方式依賴著另一個人。

女孩們唱歌給她們的兄弟，還彼此為「我親愛的姐姐（妹妹）」寫詩。加百利‧但丁最初作畫時，需要一個聖母瑪麗亞的模特，他選擇了妹妹克里斯蒂娜。在他的草圖裡，那張未著色

---

[085] 弗里德里希‧威廉‧赫雪爾 (Frederick William Herschel, 1738-1822)，德國天文學、作曲家，他發現了天王星及其兩顆衛星。他妹妹 C.L. 赫雪爾和他兒子 J.F. 赫雪爾也都是著名的天文學家。

[086] 歐內斯特‧勒南是法國哲學家、作家，他的姐姐亨莉愛特‧勒南也是作家。

[087] 哈里特‧比徹‧斯托夫人 (Harriet Beecher Stowe, 1811-1896)。美國作家，著有長篇小說《湯姆叔叔的小屋》(Uncle Tom's Cabin)。她的姐姐 C.E. 比徹是著名教育家，哥哥 E. 比徹是神學家，弟弟 H.W. 比徹是社會改革家、演講家。

[088] 賽勒斯‧韋斯特‧菲爾德 (Cyrus West Field, 1819-1892)，美國商人、金融家。他的公司架設了第一條大西洋海底電纜。他的兄弟 D.D. 小菲爾德、S.J. 菲爾德和 H.M. 菲爾德分別是法學家、美國聯邦最高法院法官和作家。

[089] 加百利‧但丁‧羅塞蒂 (Dante Gabriel Rossetti, 1828-1882)，英國畫家、詩人和翻譯家，也是前拉斐爾派的三位創始人之一。

[090] 威廉‧邁克爾‧羅塞蒂 (William Michael Rossetti, 1829-1919)，英國作家、評論家。

[091] 瑪麗亞‧法蘭西斯卡‧羅塞蒂 (Maria Francesca Rossetti, 1827-1876)，英國作家。

的臉上散發著神聖的安詳和天堂般的絢麗 —— 只有充滿愛的心才能有這樣的魔力。在瑪麗亞生命的最後時刻，克里斯蒂娜整夜守在她身邊，她和她的兄弟們幾乎是在搶奪照料她的權利。加百利·但丁在伯青頓的海邊小鎮上等待死亡降臨時，朋友們都被他不可理喻的猜疑折磨得筋疲力盡，只有她妹妹才能安撫這顆患病的頭腦，摘走他記憶深處的悲傷。

幾年之後，克里斯蒂娜也去世了，四兄妹只剩下了威廉。很多年以來，他一直以將哥哥、姐姐和妹妹的不朽人生恰當地展現給這個世界為己任。

加百利·羅塞蒂，這四個傑出的孩子的父親，是一個義大利詩人，他寫了很多出色的愛國主義讚美詩。與在義大利相比，他在別處受到了更多人的賞識。他先是被下令拘捕和處決，後來又得到了一份流放的赦令。

現在再回頭去看那條流放和處決的法令，人們會覺得它十分荒謬，但是對於羅塞蒂而言，那並不是一個玩笑。為了保住性命，為了使靈魂繼續存活，在一個黑夜裡他去了英格蘭。到那裡時他身無分文，甚至沒有箱子裝他的小豎琴，不過一直有繆斯[092]守護著它。那是一把義大利的小豎琴，因此很有利於取悅不列顛人。很自然地，羅塞蒂開始認識其他的流亡者，放逐的人們很快就會成為朋友。只有在享受榮華富貴時，我們才會把我們的朋友推下船。

---

[092] 希臘神話中司文藝、美術、音樂等的繆斯女神。

　　他後來認識了波里道利家族 —— 來自托斯卡納[093]的流放者，他們尊貴富足又有學識。他愛上了塞恩耶·波里道利的一個女兒，她也愛他。他 40 歲，她 23 歲 —— 那又怎樣！他得到了一份穩定的工作，在國王學院擔任語言教授，並在波特蘭廣場夏洛特街 38 號租了一所房子。在那裡，他們的第一個孩子瑪麗亞·法蘭西斯卡於西元 1827 年 2 月 17 日出生了；1828 年 5 月 12 日，加百利·但丁出生了；1829 年 9 月 25 日，威廉·邁克爾出生了；1830 年 12 月 5 日，克里斯蒂娜·喬治亞娜出生了。這個擁有四個孩子的母親是一個強健的女人，有著聰明的才智和出色的判斷力。她曾經說她的孩子們都是同一尺碼，撫養四個比撫養一個麻煩不了很多，這是提供給新婚夫婦的一條有益的建議，希望他們能夠記下來並慢慢體會。就那些適應於地球和天堂的穩重又全面的品性而言，這四個羅塞蒂的孩子沒有一個能比得上他們的父母。他們都十分敏感脆弱。或許這是因為他們都在倫敦長大成人，一個沒有空間留給孩子們的城市 —— 對大人們來說也一樣，我常常這麼想。小孩子們和小鳥都屬於鄉下。鋪得平整的大路、石頭砌好的便道、被煙燻黑的房子、「遠離草坪」的標識、愛打聽的警察以及熱心的菸灰箱檢查者，都在玷汙這些上帝新送來的小移民投向它們的視線。長大以後的他們，沉溺於酒精和毒品，用這些東西來減輕車輪經過的咿嗒聲，以及惡劣環境所帶來的永無止境的壓迫。但大自然有它自

---

[093]　位於義大利中西部。

己的解釋：在城市裡長大的第二代人，是無能的。

每一個從美國去倫敦參觀的朝聖者都應該帶著兩本書：《倫敦旅遊指南》和赫頓[094]的《文學里程碑》。拿著《倫敦旅遊指南》的最大好處是，它的封面是火紅色的，可以拿在手裡，代表持有者是個美國人，這就省去了自我介紹。在川流不息的弗利特街上，我把手裡的這本書衝著街對面的一夥美國人高高舉起，就像船升起代表它的旗子，街對面看見了這個信號的人們也都紛紛舉起他們手中的書愉快地向我致意。我們之間的溝通不需要任何言語，就像兩艘在下午時分相遇的船彼此致意。我沒有敵視火紅色《旅遊指南》的意思，也不是在貶低我的好朋友勞倫斯·赫頓。不過當我發現他們都沒有提及「羅塞蒂」的時候，我準備把那些在倫敦的和羅塞蒂家族有親密連繫的地方都記錄下來——絕無冒犯之意。

對於那些渴望像風一樣自由的觀光者和想生活得經濟又舒適的人們來說，倫敦是世界上最美好的城市。在紐約，如果你想找到一家價格合理的地方寄宿，你就得放下你的尊嚴、拋棄臉面，不過在倫敦就不一樣。從格雷旅館路到波特蘭廣場和從牛津街到尤斯頓路，差不多是一個一英里長的正方形——一平方英里，被稱之為「西區」，那裡有很多的公寓。曾經所有的偉人和暴發戶們都拒絕在這個地區安家，不過現在這裡很有名氣。如果你打算在倫敦待一個星期，你可以在這些舊時的公寓

---

[094] 勞倫斯·赫頓（Laurence Hutton, 1843-1904），美國作家、評論家。

中找到一個很好的房間，需要的價錢不超過在美國住一天旅館的花費。至於食物，老闆娘會為你做任何你想吃的菜，而且是最考究的風格。你還會發現，一個先令[095]加一點禮貌能讓你在很長一段時間裡衣食無憂。和男人一樣，美國女人也可以用這種方式在倫敦生活。如果你是一個來自皮奧里亞正在度假的女教師，請接受我的建議，住在斯道普福德‧布魯克[096]教堂附近的貝德福區，那麼你的倫敦之旅必將像在記憶荒漠裡那片鮮亮的綠洲般被永久銘記。我在這裡寫這些，因為拉里‧赫頓[097]忘記說到它，《旅遊指南》先生也認為它不值一提。

我在倫敦的時候通常都會在不列顛博物館[098]附近找一個10先令一星期的房間住下。在想去什麼地方的時候，我就步行去高爾街站，這時會經過一所房子——查爾斯‧狄更斯的母親在那裡建立了一座青年女子機構。我會在售票處買一張車票，這樣就離自己的目標不遠了。坐著「大都會」[099]，你可以去任何

---

[095]　英國未進行幣值十進位之前，一英鎊等於 20 先令，一先令等於 12 便士。

[096]　斯道普福德‧布魯克 (Stopford Brooke, 1832-1916)，愛爾蘭牧師、作家，曾在貝德福教堂任職。

[097]　「拉里」是「勞倫斯」的暱稱。

[098]　不列顛博物館，又名大英博物館，位於英國倫敦新牛津大街北面的大羅素廣場。成立於西元 1753 年，西元 1759 年 1 月 15 日起正式對民眾開放，是世界上歷史最悠久、規模最宏偉的綜合性博物館，也是世界上規模最大、最著名的博物館之一。

[099]　大都會鐵路 (Metropolitan Railway) 是世界上第一條市內載客地下鐵路，倫敦地鐵最初的一部分，該條鐵路在帕丁頓 (現在的帕丁頓站) 和臨時的法靈頓街站 (現在的法靈頓站西北) 間運行。

地方，或許你更喜歡格萊斯頓先生[100]的建議，那就登上一輛牛津街的公共汽車車頂，不過如果你坐在司機的旁邊，你會找到一本名錄，嚮導和他所熟知的朋友都會聽你差遣。

夏洛特街十分狹小，它與波特蘭廣場平行，一條小徑把它分成了兩個街區。五棟房子（或者更多）並排在一起，它們都是用最平整的磚石砌成的。這個地方離大都會鐵路的高爾街站不遠，而且步行幾分鐘就可以到不列顛博物館。38號位於街的最東頭。我第一次看到它的時候，掛著輕薄窗簾的窗戶上有一個「出租房屋」的標識。窗戶被擦得乾淨透亮，在倫敦，如果你一天不擦玻璃，它就會變得很髒。我停下腳步，饒有興趣地打量著這個地方。我注意到有一塊「38號」字樣的銅牌，被擦拭得明光鋥亮，幾乎都要看不清上面的字了，就像一首用機器拼湊出的十四行詩，帶著過分的潤色。臺階上有剛剛鋪上去的沙子，一棵年輕的檸檬樹正衝著一扇窗戶輕輕點頭，給這座老舊的房屋增添了幾分魅力。在退後想看看高處的窗戶的時候，我撞到了一個提著菜籃的矮小結實的女人。她向我道歉，然後把籃子放在臺階上，從那條發硬了的白色大圍裙的口袋中掏出一串鑰匙，轉向我微笑著說：「先生，我不確定，不過也許你想租房子？」她對我說這房子是她的，如果我願意進去她會帶我看看房間，還有兩間空著。一層前面的屋子都已經租出了，客廳也租給了一個年輕的律師。她的丈夫是尤斯頓站的售票員，從

---

[100] 威廉·尤爾特·格萊斯頓（William Ewart Gladstone, 1809-1898），英國自由黨官員，曾四次擔任英國首相。

上次裁員後就領不到很多薪水了。她問我是否願意出 10 先令的房租，是否需要訂早餐，那只要 9 便士，我可以選擇牛排或是火腿蛋。她親自照料房客，就像自己的家人一樣，不過只接待被推薦而來的有良好修養的單身紳士。她知道我會喜歡那房間的，如果 10 先令太貴了，我可以選裡面那間屋子，只要 7 先令 6 便士。

　　我想我會回答租下後面那間，不過我還是向她解釋說我是美國人，只打算在倫敦待一陣子。那位女士當然知道我是美國人，她從我的帽子、口音還有手中那本紅色的書就能看出來。她問我是否認識密西根州的麥金太爾一家。

　　我避開她的問題反問她是否認識曾經住在這裡的羅塞蒂一家。「哦，當然，我認識威廉先生和克里斯蒂娜小姐，他們一年前來過，告訴我他們就是在這出生的，還有他們的哥哥但丁和一個姐姐也出生在這裡。我想他們都是寫東西的人，是吧？至少我知道羅塞蒂小姐寫詩，我的一個房客曾送過我一本她的書作為聖誕禮物，一會我拿給你看。你不會覺得 7 先令 6 便士租那樣一個房間很貴吧，你會嗎？」

　　我暗自嘀咕著天花板要比我在羅塞爾廣場住的房間的低很多，家具擺設也很古老陳舊，而且屋子正對著外面烏黑的煙囪，不過我對她說 7 先令 6 便士是一個非常公道的價格，而且火腿蛋的早餐只要 9 便士也很便宜 —— 只要雞蛋是絕對新鮮的。

我當場交了一個星期的租金，回到羅塞爾廣場的住處，告訴我的女房主我在城市的另一邊找到了幾個朋友，可能這兩天不會回來住了。我在夏洛特街 38 號的短暫逗留，不過是得到了在加百利·但丁·羅塞蒂誕生的房間裡住了兩夜的滿足感，還有幸結識了那位可敬的售票員 —— 羅塞蒂家的四個孩子曾經常常經過他售票的窗口。

　　羅塞蒂教授在夏綠蒂街 38 號住過 12 年，後來搬到了下一街區的 50 號，一所更大的房子裡。馬志尼[101] 曾經去過那裡，房子已經被改造過，現在是人口統計登記辦公室。在這所房子裡，加百利·但丁和一個叫霍爾曼·亨特[102] 的年輕人曾有一個畫室，另一個叫威廉·莫里斯[103] 的年輕藝術家曾來此拜訪他們。《萌芽》就是在這裡誕生的，也就是在這本奇異獨特的小雜誌上，加百利·但丁 18 歲時的詩作〈手與魂〉和〈幸福的少女〉第一次發表，而布萊恩特[104] 也在同一年齡寫出了〈死亡論〉。威廉·貝爾·司各特[105] 也曾來過這裡。司各特在他的時代是一個偉大的人。他沒有頭髮和鬍子，甚至連眉毛也沒有，每個毛囊都長得疲倦

[101]　朱塞佩·馬志尼 (Giuseppe Mazzini, 1805-1872)，近代義大利資產階級革命家，義大利民族解放運動中和派領袖。

[102]　威廉·霍爾曼·亨特 (William Holman Hunt, 1827-1910)，英國畫家，他是前拉斐爾派的創始人之一。

[103]　威廉·莫里斯 (William Morris, 1834-1896)，英國建築師、設計師、畫家、作家。

[104]　威廉·卡倫·布萊恩特 (William Bullen Bryant, 1794-1878)，美國詩人和新聞記者。美國最早期的自然主義詩人之一。身為美國首位重要的自然派詩人，他經常被稱為「美國的華茲華斯」。

[105]　威廉·貝爾·司各特 (William Bell Scott, 1811-1890)，英國詩人、畫家。

又無意義。不過司各特先生對自己腦袋的外型卻十分自豪，或許是因為從那裡曾梳出過一些傑出的十四行詩。有幾次，在酒過幾巡後，當氣氛開始變得歡快，而後又激動隱祕的時候，司各特會摘下他的假髮，向同伴們展示他那發育良好的頭顱，並說起一個尼爾遜的故事 —— 他也帶著和他一樣的假髮，每場戰役過後，他把它摘下遞給僕人，從裡面把子彈梳出來。

老羅塞蒂死在這所房子裡，他的遺體被送往沃伯恩廣場的基督教堂，葬於海格特公墓。他那位優秀的妻子等待著看她的孩子們的天賦漸漸成長並得到公認。30 年後她追隨他而去，和他同葬在一個墓地，後來克里斯蒂娜也被葬在了那裡。

法蘭西斯·瑪麗·波里道利出生在戈爾登廣場百老街 42 號，威廉·布萊克 [106] 也出生在這條街，不過不知道是哪座房子。一個負責這片街區的警察對我說，這一帶沒有叫羅塞蒂或者布萊克的人，他更沒聽說過波莉·道莉 [107]。威廉·邁克爾·羅塞蒂的家是聖艾德蒙的屋巷一排房屋中的一間。它離聖約翰路站不遠，在米德爾塞克斯自來水廠對面，附近就是攝政王公園。那是一所很好看的石頭老房子，外面刷著灰泥。我在那裡拜訪了那位著名的評論家，主人穿著及腳的長睡袍和一雙很新的氈拖鞋，戴著一頂黑色長毛絨帽子 —— 所有這些都布滿灰塵，也許主人一直在地下室篩灰。他是我見過的最恭謙有禮的人了。他

---

[106] 威廉·布萊克（William Blake, 1757-1827），英國詩人，浪漫主義的傑出代表，同時也是畫家和雕刻家。

[107] 瑪麗·波里道利的暱稱。

崇拜惠特曼[108]、愛默生和梭羅[109]，認為美國一定會帶來世界知識的希望。「偉大的思想像美麗的花一樣，產生於各式移民和不同元素的混合中。」這是他的原話，事實上羅塞蒂的天分也是遷移的結果。在這次拜訪過後沒多久，在一個藝術展上。我又一次遇見了威廉·邁克爾·羅塞蒂。我和他小談了一會 —— 已經足以發現他並不記得我們見過面，這使我不再像以前那般熱愛他的天賦了。

　　加百利·但丁·羅塞蒂的妻子29歲時去世，地點是靠近布萊克福瑞爾橋的查頓廣場14號。那附近的區域由於商業的侵入發生了改變，就算這位畫家住過的房子還在，我也無法找到了。就是在這裡，前拉斐爾派[110]創造了歷史：馬多克斯·布朗[111]、伯恩·瓊斯[112]、羅斯金、威廉·莫里斯和麥克唐納德姐妹們。伯恩·瓊斯娶了麥克唐納德家的一個女兒；波因特[113]先生 —— 現在是國家美術館的總管，娶了另一個；吉卜林先生也娶了一個 —— 生下了魯德亞德·吉卜林，他後來又帶來了莫爾範尼、

---

[108] 華特·惠特曼（Walt Whitman, 1810-1892），美國著名詩人、人文主義者，代表作品是詩集《草葉集》（*Leaves of Grass*）。

[109] 亨利·大衛·梭羅（Henry David Thoreau, 1817-1862），美國作家、哲學家。

[110] 西元 1848 年在英國興起的美術改革運動。這個畫派的活動時間雖然不是很長，但是對 19 世紀的英國繪畫史及其發展方向，帶來了很大的影響。前拉斐爾派最初是由三名年輕的英國畫家（威廉·霍爾曼·亨特、加百利·但丁·羅塞蒂和約翰·艾佛雷特·米萊）所發起組織的一個藝術團體（也是藝術運動），他們的目的是為了改變當時的藝術潮流。反對那些在他們看來在米開朗基羅和拉斐爾的時代之後偏向了機械論的風格主義畫家。

[111] 福特·馬多克斯·布朗（Ford Madox Brown, 1821-1893），英國畫家、設計師。

[112] 愛德華·伯恩·瓊斯（Edward Burne Jones, 1833-1898），英國畫家。

[113] 愛德華·約翰·波因特（Edward John Poynter, 1836-1919），英國畫家、設計師。

奧塞瑞斯和裡洛伊德[114]──他們也同其他人一樣不朽。

　　羅塞蒂教授去世後，威廉·邁克爾、瑪麗亞、克里斯蒂娜和守寡的母親住在奧爾巴尼街 166 號的房子裡，他們奮力地打退那些蜷縮在門外的飢腸轆轆的惡狼。我想現在奧爾巴尼街和那時相比變得更加破舊了。在街上 112 號住著一個叫迪克遜的人，他用小型照相機在動物園拍了很多讓人驚嘆的動物相片，並把它們放大一百倍。這些照片在世界各地展出，並且價格不菲。在國家美術館，迪克遜先生也為我拍了照，我把那張照片用在了我寫的《羅斯金·透納》裡。我相信，在藝術和文學方面，迪克遜先生懂得的比在倫敦的任何人都多，但是他卻是一個謙虛的紳士，只在反詰或是突發靈感時才顯露出真正的自我。我們一起去拜訪了奧爾巴尼街 166 號。

　　我們去的時候房子是空的，我們搜尋了每個房間，後來得出一個結論──天才們住在哪裡並沒有太大的區別。在一間小臥室的窗戶上，我們發現有一個用鑽石刻上去的「克里斯蒂娜」。是誰在什麼時候刻的我無從得知。羅塞蒂一家住在這裡的時候他們肯定不會有鑽石。不過迪克遜先生有，他用他的戒指在那個名字底下刻上了「加百利·但丁·羅塞蒂」。我最近聽說那個署名得到了確信的鑑定，那是一個熟悉羅塞蒂筆跡的人所為。

　　當莫里斯和他的藝術經銷商夥伴們開始行動的時候，加百利·但丁不再與這個優秀明智的人爭論，威廉·莫里斯的財富開

---

[114]　魯德亞德·吉卜林的小說《三個士兵》（*Soldiers Three*）裡的人物。

始增加。莫里斯會指導和利用夥伴們的能量。他把他們的優點匯集成一個堅固的實體，並帶著他們走向勝利。毫無疑問，天才通常都需要一個看護人。不過莫里斯本身就是一個天才，也是一個多方面的巨人，因為他支配自己的精神，這證明了他比能夠攻克一座城市的人還要偉大。

西元 1862 年，加百利·但丁一年的收入差不多有一萬美元。他買了位於切爾西切恩步行街 18 號的一所漂亮房子，和那條住著一個名叫湯瑪斯·卡萊爾的蘇格蘭人的小街很近，後來喬治·艾略特[115]也曾住在這個街區，她也死在了這裡。加百利·但丁希望姐姐、妹妹、弟弟和母親一起來分享他的榮耀，因此他計劃讓他們過來一起生活，此外，還有斯溫伯恩[116]先生和喬治·梅瑞狄斯[117]也會加入，這將是一個歡樂的大家庭。但是好心的老母親比她才華出眾的兒子更加了解人心。她曾寫過這樣的話：「是的，我的孩子們都很有才華，了不起的才華，我只是希望他們也能有一點點常識！」

所以她還是暫時和威廉、女兒們還有兩個年老未嫁的姐妹們住在奧爾巴尼街那間簡樸的老房子裡。加百利·但丁搬去了切恩步行街，並開始狂熱地收藏青瓷 —— 那些像害蟲一樣掠過文明世界的玩意。然而多年後，為了償還欠債，他的收藏品以

---

[115]　喬治·艾略特（George Eliot, 1819-1880），英國小說家，與狄更斯和薩克萊齊名，主要作品有《佛羅斯河上的磨坊》、《米德爾馬契》（*Middlemarch*）等。

[116]　阿爾加儂·查爾斯·斯溫伯恩（Algernon Charles Swinburne, 1837-1909），英國詩人、劇作家和文學評論家。

[117]　喬治·梅瑞狄斯（George Meredith, 1828-1909），英國作家。

3,500 美元的價格賣掉了，還不及他買它們所花費的一半。在富裕的時候，他和奧爾巴尼街的朋友們把錢都慷慨地揮霍掉了。不過不久之後，威廉也開始有了收入，他也不再住在 166 號的住所，而是搬家去了更好的地方。

威廉結婚了，有了自己的房子 —— 我不清楚在哪裡。家裡剩下的成員是寡婦羅塞蒂夫人、夏綠蒂·莉蒂亞·波里道利小姐、瑪麗亞和克里斯蒂娜，還有七隻貓，她們生活在托靈頓廣場 30 號的一間沉寂老舊的公寓裡。瑪麗亞從小就不怎麼強健，她的身體最終垮了，離開了這個世界。家庭管理就移交給了克里斯蒂娜。在那些日子裡，她肩上的擔子一定很沉重，或許她用愉快的行為使它們變得輕了？她放棄了社會，拒絕結婚，加入了無組織的仁慈姐妹會 —— 女人們辛苦勞作，以供養其他人。她工作的時候唱著歌，像個有女人味的女人。儘管一個女人懷中沒有抱著孩子，搖籃曲仍在她舌尖跳躍，在黃昏時她為她想像中的孩子們唱歌 —— 這是母愛甜蜜的理想化的本質。

克里斯蒂娜·羅塞蒂對我們來說就像那些遙遠又耀眼的星星中的一顆，我們很少有機會看到它們。她從來不像個「文人」那樣 —— 在 4 點鐘閱讀自己的作品，並去贏得人們的脫帽致意或是慧眼編輯們的讚美。她從來沒有去找過出版商，她的第一本詩集是祖父波里道利發行的。他親自做印刷，把它做為 17 歲的禮物送給她。當這個溫順的小女孩手裡拿著自己的書，那是多麼大的驚喜啊！在老人的心裡，那似乎是對孫女的一種近乎神

聖的愛。他的愛是盲目的，至少是近視的 —— 愛就是這樣，因為這本小冊子裡的一些詩其實並不怎麼好。後來她的兩個哥哥發行了她的作品，並找到了市場。有一次，加百利·但丁和那位值得尊敬的曼島人霍爾·凱恩[118]差點爭吵起來，因為曼島人在編一本收錄最優秀的英語十四行詩的書，但是不打算把克里斯蒂娜·羅塞蒂的詩選編在其中。

克里斯蒂娜有一種本領，她可以抓住美麗的瞬間、興奮的感覺和崇高的情緒，並把它們融進一首清澈的歌，彷彿是從溫柔的大海上飄蕩而來，在我們的耳邊迴響不絕。在她的字裡行間有一種溼潤的低音 —— 那是曾在無形唱詩班的歌聲中出現過的甜美的小三和弦，她的音樂中帶著世界的喜悅與悲傷。

我有一個親密的朋友是位業餘攝影師，也就是說和在柯達的朋友十分不同。後者喜歡頻繁地「哢嗒哢嗒」地拍那些不適當的事物，他樂於捕捉人們可笑的姿態，拍些愚蠢的、不相關的、瞬間的和沒必要的東西。可是我的朋友拍些什麼呢？讓我來告訴你。他只捕捉美好的畫面：金麒麟草搖曳的枝幹、薊花飛翔的冠毛、舊石牆上的青苔、樹皮、橡樹葉、成束的橡果、一條開花的蘋果樹枝。去年春天，他發現兩隻知更鳥正在一棵櫻桃樹上築巢，他把相機架在牠們附近，用一根細線牽動快門，拍到了知更鳥先生和夫人放下牠們小窩第一根稻草的相片。接下來的 30 天，他每天都幫鳥巢拍一張相片 —— 從 4 個

---

[118] 湯瑪斯·霍爾·凱恩 (Thomas Hall Caine, 1853-1931)，英國作家。

藍色的鳥蛋一直拍到 4 張等待可口小蟲的飢餓的嘴。這組照片構成了一篇生物史詩。所以，如果你問我攝影是不是一門藝術，我會如此回答：那完全取決於你拍什麼和你怎樣去表現它。

克里斯蒂娜把她的想法聚焦在美麗的事物和最好的角度上，所以她帶給我們的畫面是高貴的秩序和富饒的啟迪。

時光就在學習、寫作、做家事和照顧三個老婦人中過去了。有才華的、可愛的、無常的加百利·但丁，染上了壞習慣。顛倒黑白的他試圖用全能的上帝作為新的開始，於是他認為自己找到了運動和氧氣的替代物。最後他被帶到薩尼特島 —— 奧克塔夫[119]就是在那裡找到了她的筆名 —— 伯青頓，他的精神已經失常，他的錯覺趕跑了所有舊日的朋友。

51 歲的克里斯蒂娜和 82 歲的母親過去照料他，她們對他就像對一個生病的嬰兒般用盡了所有充滿愛意的溫柔，不過不同的是，她們還要與他的力量抗爭。然而仍有些時候，他又像以前那樣美好而溫和。在這段時期的尾聲，寧靜的平和增加了，某些時候，哥哥、妹妹和年邁的母親親密地交談，就像他們小時候坐在母親的腿上那樣。加百利·但丁於西元 1882 年 4 月 9 日去世，他葬在伯青頓古老的鄉下教堂墓園裡。

兩年後那位母親也去世了。西元 1890 年，伊麗莎·波里道利在 87 歲的時候離開了這個世界，西元 1893 年，她的妹妹夏

---

[119] 奧克塔夫·薩奈特 (Octave Thanet) 是美國作家愛麗絲·法倫奇 (Alice French) 的筆名。她用這個島的名字做了筆名。

綠蒂也隨她而去，84 歲。在沃伯恩廣場的基督教堂，你可以看見紀念這些美好靈魂的匾牌。如果你認識了溫和的老教區長，他會給你看一個鑲著鑽石星星和月亮的項鍊，那是蘇丹 [120] 在克里米亞戰爭 [121] 期間給夏綠蒂的贈物：「贈給夏綠蒂·莉蒂亞·波里道利，為她身為護士的高貴服務。」他還會讓你看一套銀聖杯，上面刻有這三個姐妹的名字，後面跟著這個名字 ── 「克里斯蒂娜·喬治亞娜·羅塞蒂」。

就這樣，他們的靈魂都安息了，只剩下孤單的克里斯蒂娜待在空蕩蕩的有著回音的大屋子裡 ── 對它的寂寥以及心地純潔的女主人和她的寵物來說，一半都已經很大了。她感覺到她的工作已經完成，感情也是，結局很快就會到來。她死於西元 1894 年 12 月 29 日 ── 從這個她未曾深愛過的世界離開了，在這裡她曾過著獻身的生活，遭遇了太多的分離，忍受了太多的痛楚。她樂於離開，很高興看到結局就要到來，來世的想法讓她得到了安慰，於是她睡著了。

---

[120] 某些穆斯林國家的統治者，這裡指土耳其皇帝。

[121] 西元 1853 年，為爭奪巴爾幹半島的控制權，土耳其、英國、法國、撒丁王國等先後向俄國宣戰，戰爭一直持續到西元 1856 年，以沙皇俄國的失敗而告終。

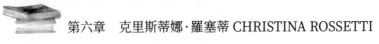

第六章　克里斯蒂娜·羅塞蒂 CHRISTINA ROSSETTI

第七章
羅莎·博納爾
ROSA BONHEUR

> 她的理念之中帶著超群的勇敢,在具有創造力的當代或其他時代的女藝術家中,她是我首推的第一人。如果你問我她為什麼那麼出類拔萃,能用作品的權杖讓一切誹謗者閉嘴,我會告訴你,因為她傾聽的是上帝,而不是人。她忠於自我。
>
> ——維克多·雨果

每次一到巴黎，我總要先去位於特雷威爾街的基督教青年會[122]總部——一所矗立在紐約銀行家協會旁邊的精美建築。那裡每天供應很不錯的套餐，只要一法郎。還有浴室、書房和閱覽室，如果你是客人，那麼它們就都是你的。那裡彬彬有禮的祕書看起來不像是基督徒，因為他留著精緻的髮型和又短又尖的鬍鬚。住宿的收費標準是一星期20、15或是10法郎。或者，如果你是一個美國百萬富翁並願意付30法郎的話，那位祕書認識一位人很好的新教徒女士，她會將自己在一層的會客室出租給你，並且每個早晨為你提供免費的咖啡。

我不是百萬富翁，所以上一次去那裡的時候，我選了在四層的一星期15法郎的房間。這次一個伶俐的少年被叫了過來，簡單介紹過後，我們就出門去拜訪故居了。

我們要找的房子在一條通往蒙馬特大街的小路上。那是一條非常狹窄平坦的小街道，這讓我心裡有一點點失望。不過那並不是一條破舊的街道，因為在巴黎可沒有這樣的街道，所有的一切都乾淨整潔。當我瞥見那扇窗戶上掛著一隻鳥籠，另一扇上掛著一盆蕨草的時候，我的信心恢復了，於是我按下了門鈴。女房主戴著一頂白帽，綁著一條大白圍裙，露出動人的微笑。一大串鑰匙在她腰帶上搖擺著，彰顯著她的權力。她說很

---

[122] 基督教青年會（Young Men's Christian Association），簡稱 Y.M.C.A，西元 1844 年 6 月 6 日由英國商人喬治威廉創立於英國倫敦，旨在透過堅定信仰和推動社會服務活動來改善青年人精神生活和社會文化環境，現已在世界各地蓬勃發展，在約 110 個國家都有青年會組織，總部設在瑞士日內瓦。

高興看見我（在巴黎每個人都說「看見你很高興」）—— 如果我願意住下來她會倍感榮幸。她只把房間租給朋友介紹來的人，在她為數不多的親密朋友中，沒有一個比基督教青年會的祕書先生更加親切的了。

順著一段石臺階鐵欄杆的昏暗樓梯盤旋而上，我被帶到了自己將要住下的房間。那是一間和約旦·馬什百貨公司[123] 大布匹箱尺寸相當的房間。唯一吸引我的地方是屋裡那扇鑲在鉛製窗框裡、由菱形玻璃拼成的窗戶，窗外是一條小徑，種在綠色木桶裡的棕櫚樹和蕨類植物長得茂盛鮮綠，中央還有一個湧動的噴泉。於是我們成交了，在收拾好我的行李後，女房東下樓去找她的丈夫，送他去聖拉扎爾火車站。

在自己的屋子裡安住是多麼舒心的事情啊！這是我的家，也是我的城堡。在這裡我想做什麼都可以，我就不能在自己的小旅館裡悠閒一下嗎？

我脫下外衣，將它掛在窄小的床邊那高高的床柱上，把衣服上的贅飾都扔在地板上，從窗戶探出身去，陶醉在甜美又滿足的昏昏沉沉的夢中。從第厄普到這裡是漫長又崎嶇的旅途，不過誰在乎呢 —— 我現在已經安頓下來了，並且付完了一個星期的房租！

那條小徑周圍的窗戶上都放著小花盆，下面的噴泉擺脫了大城市交通無形的轟鳴聲，正歡快地汩汩地冒著水泡。當我

---

[123]　美國的一家大百貨公司，創建於西元 1841 年。

在那裡坐下，從某處傳來了金絲雀的尖叫聲。我在地上左右張望，但是卻找不到這位披著羽毛的歌唱家 —— 這是小說家們通常對鳥兒的說法。然後我接受了厄普華斯同盟會[124]綁著的鳥籠。我感到驚訝，因為我堅信在這裡不可能再有房間高過我的房間 —— 我爬了9節臺階才爬上來！不過讓我更驚訝的是，當我往上看的時候，有一個女人也在往下看，我們四目相視，都露出了驚訝的傻笑。她縮回頭去，我則繼續盯著這棟房子。

她不是一個很年輕的女人，也不是很漂亮 —— 事實上她很普通。不過當她探出身子餵寵物，卻發現一個男人正從下面看著自己的時候，她很好地表現出了她的可愛溫柔，而不是挑剔指責。還有比這更富有女人味的行為嗎？我對自己說：「她不美麗 —— 上帝保佑她，她是個有人情味的人！」

細節是無聊的，不過我還是想闡述一下。第二天鳥籠被放得低了一些，我可以把我的蘋果分給迪奇吃（因為他非常喜愛蘋果）。接下來的一天，鳥籠更低了，我不只餵了迪奇還留下了一張小紙條。隔一天以後，綁鳥籠的綢帶裡夾著一張小紙條 —— 我被邀請上去喝茶。

於是我去了。

一共有四個女孩住在頂層的閣樓房間裡，兩個是美國人，還有一個英國人和一個法國人。其中一個美國女孩20歲左右的樣子，有些微胖，皮膚粉嫩。另一個年齡大一些，她就是小鳥

---

[124]　西元1889年成立於美國克利夫蘭，提倡發揚教會中青年們的才智和虔敬。

的主人，就是她邀請我來喝茶的。她在門口迎接我的時候，我們像老朋友一樣握手。她用一種尊貴的方式把我介紹給另外三個人，我們很快就談得很投機，這讓迪奇感到嫉妒，牠大聲地唱歌，於是一個女孩用黑布罩蒙住了鳥籠。

和這四個女孩待在一起的時候我感到很安全，對於女孩們來說也絲毫沒有讓人質疑的不安全的陰霾，因為我已經結婚了。我知道她們一定都是心地善良的好女孩，因為她們有小鳥還有小花盆。我之所以知道她們有花盆，是因為有兩次當我趴在窗戶上陷入幻想的時候，我看見她們在澆花。

這間頂層的閣樓是我見過最奇特的房間了。它很大 —— 跨越了整所房子，有四個山形窗，天花板在兩側傾斜下去，如果在這裡玩「搶牆角」的遊戲，就會有磕到腦袋的危險。每個女孩都有一扇她們稱為自己的窗戶，還有薄綢（我覺得那是薄綢）做成的印花窗簾，用不同顏色的緞帶束起。這個大房間從中央被麻布簾子分隔開，簾子上布滿了一些我從未在陸地上或海洋裡見過的圖畫。牆壁上貼著棕色的包裝紙，用銅製的大頭針釘牢，這些紙上也全是各式各樣奇怪的圖畫。

這些女孩都是藝術學校的學生，我想也許當她們沒有其他事的時候就會在牆上做些工作，就像很多年以前以色列人在耶路撒冷時所做的那樣。閣樓的一半是工作室，那邊放著桌子，另一半則放著一些古怪的椅子和沙發，還有四張被刷成白色和金色的小鐵床，每張床都被收拾得異常整潔，因此我懷疑它們

是用來做什麼的。「白鴿」告訴我它們都是些小古董 —— 當古代雅典的哲人們想睡覺的時候，就會把自己裹在毯子裡躺在地上。但是我想從那以後「白鴿」就一直在揶揄我了。

「白鴿」就是我在那個往上而不往下看、向外而不向裡看的下午見到的女孩。她來自密西根州的白鴿鎮，當她告訴我這些的時候，我對她說我有個堂兄住在科爾德沃特市[125]，他是湖濱鐵路上的列車員，我們就像兄妹一樣。「白鴿」30歲，也許35歲，她的棕髮裡有了幾根銀絲。有時候，她的笑聲中帶著些許憂鬱，她的嗓音是一種半小調。我想她有過什麼不同尋常的經歷，不過我不那麼確定。

30歲以下的女人難得懂很多，除非命運發善心徹底地拷打她們，因此那位年輕的「桃紅」美國女孩對我並不感興趣。桃紅色已經從「白鴿」的臉頰上溜走，不過她有著女性的智慧和理性的善心 —— 我對此很確定。她說自己是學生，她的畫是「作業」，然而她在巴黎已經有10年了。「桃紅」是她的學生 —— 被她的「製造商」父親從賓夕凡尼亞州的布拉福德送來。「白鴿」跟我說起這些的時候，我已經喝下了5杯茶，「英國舞曲」[126]女孩和「調皮女僕」[127]女孩在清洗餐具。而「桃紅」那時正在和一幅畫的色彩較勁 —— 那只是一時興起而已。

---

[125] 科爾德沃特市也位於美國密西根州。

[126] 此處原文為「Anglaise」，是一種快速二拍子的英國土風舞曲。

[127] 此處原文為「Soubrette」，指喜劇或喜劇歌劇中漂亮調皮、風流機靈而有誘惑力的女僕。

9 年前,「白鴿」曾在羅浮宮 [128] 裡臨摹了一副柯勒喬 [129] 的畫,並把它賣給了南灣的一個富有的馬車製造商。接著從南灣又來了訂單,追加 6 幅羅浮宮傑作的仿製品。「白鴿」用了一年時間完成了畫作,並因此得到了一千美元。她繼續臨摹,有時還會收到來自美國的訂單。當沒有訂單時,畫家們就會按時完成一些畫作,將它們送到聖路易斯的猶太人那裡,他們負責一年一度的藝術招待會,拍賣那些名字難讀饒舌的傑出畫家的作品。畫家們會把精挑細選的作品都送到聖路易斯,因為在聖路易斯的人賞識真正的精品。

　　「這些牆上的裝飾中,哪個是妳畫的?」在很長的沉默之後,我說。

　　「你們聽到『小旅程』先生問了什麼嗎?」「白鴿」大聲對著其他人喊道。

　　「沒聽到,是什麼?」

　　「他想知道我們中是誰裝飾了那些牆!」

　　「『小旅程』先生的意思是點亮了那些牆。」「桃紅」猛地回頭說道。

---

[128]　羅浮宮是世界上最古老、最大、最著名的博物館之一。位於法國巴黎市中心的塞納河北岸,始建於西元 1204 年,歷經八百多年擴建、重修達到今天的規模。藏品中有被譽為世界三寶的〈維納斯〉(雕像)、〈蒙娜麗莎〉 (油畫)和〈勝利女神〉(石雕),更有大量希臘、羅馬、埃及及東方的古董,還有法國、義大利的遠古遺物。

[129]　柯勒喬 (Correggio, 1494-1534),真名安托尼奧‧阿來里 (Antonio Allegri),是 16 世紀早期的創新派畫家,也是義大利文藝復興時期最偉大的畫家之一。

這時，「英國舞曲」莊嚴地拿來一盒蠟筆，告訴我必須要在牆上或是天花板上畫些什麼，這裡所有的圖畫都是來訪者畫上去的，無一例外。

我拿起蠟筆畫了一張從未在陸地上或是海洋裡見過的圖畫。用這種方式把我的印跡留下後，我開始察看其他的裝飾物。這些畫中有肖像、建築物、風景、樹和動物，還有穿過黑夜的船。大部分作品顯然很粗略，不過有幾張肖像畫得非常好。

忽然，我瞥到一隻正在睡覺的狗的畫像，那是一條大個的毛髮蓬鬆的聖伯納犬，牠的腦袋探出來放在爪子上，睡得正香。我停了下來，並吹起了口哨。

女孩們都笑了。

「那不過是一張狗的畫而已。」「調皮女僕」說。

「我知道，不過妳應該為這樣的畫交付狗稅。是妳畫的嗎？」我問「白鴿」。

「我畫的？如果我能畫得那麼好，我還會去羅浮宮臨摹嗎？」

「好吧，那是誰畫的？」

「你不會猜猜嘛？」

「當然，讓我猜猜。我是一個美國人，我猜是羅莎·博納爾。」

「不錯，你猜對了。」

「別逗我了，快告訴我那條聖伯納犬是誰畫的。」

「羅莎莉夫人，或者你可以叫她羅莎‧博納爾。」

「但是她從來沒來過這裡！」

「不，她來過一次。『調皮女僕』是她的姪孫女，或是別的什麼。」

「是這樣的，博納爾夫人為我出學費在美術學院學習。讓『小旅程』先生知道這個，我並不覺得羞愧！」「調皮女僕」撅起漂亮的嘴說，「我從里昂來，我媽媽和羅莎莉夫人很多年前就認識。」

「妳所說的羅莎莉夫人，她還會再來這裡嗎？」

「也許。」

「那我要在這裡紮營一直等著她來！」

「你沒準會待上一年，換來的也會是失望。」

「那麼我們不能去見見她嗎？」

「永遠不可能，她不見拜訪者。」

「我們也許可以去參觀她的家。」「調皮女僕」沉思了一會說。

「對，當她不在的時候。」「英國舞曲」說。

「她現在就不在，」「調皮女僕」說，「她昨天去盧昂了。」

「好吧，那我們什麼時候去？」

「明天。」

「調皮女僕」無法想像如果下雨的話還要去那裡，「英國舞曲」不能沒有「調皮女僕」的陪同，而「桃紅」正在為即將到來的考試擔憂，她必須學習，她知道如果通不過考試她就會死。「無論如何你會的 —— 總有一天！」「白鴿」說。

「別慫恿她了，她或許會改變主意跟你一起去。」「英國舞曲」背對著我們，一邊揮掉壁爐架上的灰，一邊冷冰冰地說。

我為那三姐妹不能去表示遺憾，「白鴿」也為她們不得不待在家裡表達了她的遺憾。一起走下樓梯的時候，我們為自己小小的罪過唱起了「懇求主憐憫我們」，為我們的偽善做了懺悔，放鬆了心情。

「不過儘管如此，」「白鴿」沉思了片刻，並沒有感到十分滿意，「我們的確沒有說假話 —— 也就是說，我們並沒有騙她們，她們知道。我不會說謊話，你呢？」

「我不知道，我想我說過一次。」

「跟我說說。」「白鴿」說。

不過我得救了，因為正當我們快要走到樓梯盡頭時，傳來一陣鑰匙發出的輕微的叮叮聲，女房東從下面走過來，提著一個大大的午餐籃子。她把籃子塞到我手裡，用帶著倫巴第[130]口音的法語跟我們說了一通話，把我們推出門外。我們走進了蒼

---

[130]　義大利北部州名。

白的上午，把籃子提在兩人之間。籃子有一個翻蓋，從它的角落裡鑽出了一個瓶子。這看起來有點奇怪，難道我們要去見某個從科爾德沃特來的人嗎？

不過我們並沒遇見從科爾德沃特來的人。當我們到達車站時完全迷失在了人流中，因為那裡有太多提著籃子去郊遊的人，每個籃子都有一個鑽出蓋子的瓶子。我們和六個喋喋不休、要去採集植物的高中生同在一節三等車廂裡，這感覺就像一家人集體出遊。列車員朝著窗戶走了過來，他以為我是個教授[131]，當他扶正帽子，請我出示我們全家的車票時，所有人都笑了起來。

從巴黎坐四站火車就到了楓丹白露。「我的家人們」奔跑而去，我們在後面從容不迫地跟著。楓丹白露相當地有派頭。離車站不遠處有一家很時尚的酒店，門口站著一個穿制服的高大英俊的傢伙。他不屑地看了看我們的籃子，我們也同情地看了看他。過了酒店有一些時髦的商鋪，櫥窗裡滿是誘惑觀光者的五彩繽紛的小玩意。再往後，商鋪漸漸地變得越來越小、越來越樸素，帶有高大石牆的住宅房屋出現了，在牆上還有點著頭的玫瑰花。再接著走，就出現了一片寬闊的草地，楓丹白露的鎮子已經遠遠地被拋在身後了。

太陽越升越高，小鳥們在灌木叢裡嘰嘰喳喳，寒鴉在高大的白楊樹上斥責似地發號施令。迷霧仍然徘徊在遠處的山間，

---

[131]　原文此處為法文，以後不再重複標注。

在虛無中我們聽見狗叫聲和綿羊身上清脆的鈴鐺聲。

「白鴿」穿著平底鞋，邁著輕鬆的步伐。我們在寂靜中慢慢地走著，陶醉在鄉村的美景和平靜中。遠離喧囂、擁擠、繁忙的巴黎的感覺是多麼地輕鬆啊！感謝上帝造了鄉村！

彷彿就在一瞬間，迷霧從右邊長長的山脈上騰起，顯露出一片森林的黑色背景，突起的岩石和伸出的峭壁從這塊黑幕的各處鑽了出來。我們停下來，坐在河邊欣賞起眼前這景象。森林的暗影緊緊依偎著一個白色的小村莊，在它附近有一座紅瓦屋頂的老式寓所，其中一半被樹木遮蔽著。在這座寓所的四周我可以依稀辨認出一座城堡的一些附屬建築。

我看著「白鴿」，她也看著我。

「是的，就是那個地方！」她說。

陽光變得暖和起來。我脫下大衣把它綁在籃子的把手上，「白鴿」也把她的外套脫下來綁在上面，還將籃子掛在了我的拐杖上，我們一同抬著籃子在舒服的微風中繼續前行，走向白村。白村的每個人都在熟睡，或是出去旅行了。很快我們就來到了那座宅邸前面，入口處矗立著古老、巨大、長滿青苔的門柱。一條鐵鍊橫在門柱之間，我們從下面鑽了過去。車道上青草叢生，這個地方看起來可以自給自足。六頭長角的乳牛正在草地上進餐，身後還跟著小牛們。顯而易見，這些乳牛和牛犢是這裡被僱用的僅有的除草機。在這片寬闊的草場裡有很多種老樹，我看見一棵榆樹從中間裂成兩半，每一半都伏倒在地

上，不過卻仍然生機勃勃。

走近房子，我們看見一面不整齊的石牆和一扇帶裝飾的鐵門，鐵門邊上有一個可拉式門鈴。我們拉響了門鈴，作為回應，一條大個頭的毛髮蓬鬆的聖伯納犬出現在角落邊跳邊叫。一開始我想我們這下要完蛋了，不過這個大力士只是往前走了十英尺，然後躺在草地上打了三個滾以示友好。起身時，它用搖晃的尾巴給我們展示出了一個美好歡樂的微笑，好像一個打開了門的小女僕。

「你不認識那條狗嗎？」「白鴿」問我。

「當然 —— 他在你房間的牆上。」

一個同「白鴿」年紀相仿的高大優雅的女人出來迎接我們，把我們領進一間不大的會客廳。

女人親吻了「白鴿」的臉頰，後來我問「白鴿」她為什麼沒有轉向我也給我一個親吻的時候，她說我是個傻子。

高個女人走進門去，對著樓梯上面喊：「安東莞，安東莞，猜猜誰來了？是『白鴿』！」

一個男人一步三個臺階地從樓上跑下來，在熱情的法國紳士禮節後，把「白鴿」的雙手捧在他手裡。然後我才被介紹給了他們。

安東莞用我見過的最有趣的眼神看著我們的午餐籃子，然後他問那是什麼。

「午餐，」「白鴿」說，「我不會撒謊！」

安東莞用激烈的動作表達了他的不悅，用他的默劇指責了我們。

「白鴿」對他解釋說我們原本要去找一個空氣清新的地方野餐，只是順路來這裡拜訪一下，一會我們還要去森林。她還問他，我們是否可以去看看那些馬。

安東莞百分之百地願意帶「小旅程」先生參觀任何在他權力範圍之內可以被參觀的東西。實際上，只要他樂意，這周圍的一切都絕對可以由「小旅程」先生隨意支配。

他上了樓，把拖鞋換掉了，那個高個子女人去了另外一個方向找她的帽子。我低聲對「白鴿」說：「我們不能去看看工作室嗎？」

「難道我們是從芝加哥來的嗎？當女主人不在時我們可以偷偷地巡視一間私人住宅嗎？不能去，有未完成的畫作在裡面，那可是神聖的。」

「這邊走。」安東莞說。他帶著我們走過書房、餐廳，然後穿出了廚房。

那是一個非常舒服的古老住所，沒有多餘的家具——法國人更加懂得不給自己增添負擔。

一排長長的磚砌馬廄空空如也。我們停在了一個圍欄前，安東莞打開了門說：「看！牠們在這！」

「什麼？」

「馬啊。」

「可這是美國的野馬。」

「是的，我相信你說的。牠們是紐約州布法羅市的比爾先生來巴黎的時候送給羅莎莉夫人的禮物。」

那是兩匹頸部細長而塌陷的印第安種的小野馬，一匹黑白花色，眼睛斜視；另一匹暗褐色，背上有一道黑斑。

我建議安東莞給牠們裝上馬鞍，出去兜一圈。高個子女士把這話當真了，她把手臂圈在安東莞的脖子上，請求他不要玩命。

「那麼佩爾什馬呢，牠們在哪？」

「天啊！我們沒有河鱸 [132]。」

「我指的是在〈馬匹市場〉[133] 裡做模特的那些馬。」

「白鴿」輕輕地拽了拽我的袖子，轉向其他人，為我的無知而道歉，她說我不知道〈馬匹市場〉是在 40 年以前畫的，那些做模特用的馬都是巴黎拉貨的馬。

安東莞叫一個矮小的老頭把兩匹毛髮粗濃雜亂的矮腳馬牽了出來，告訴我牠們就是為夫人駕車的馬。一個寬敞的老式車廂架好了，「白鴿」和我蹬了上去，準備試試。這是夫人用的唯

---

[132] 佩爾什馬（Percherons）與河鱸（Perches）發音相似。

[133] 羅莎·博納爾的代表作，完成於 1855 年。

一的馬車。安東莞駕車帶我們繞了庭院一圈，庭院裡有鴿子、小雞、火雞和兔子。那些我們看到的馬和在草場上的牛，都屬於這位當今最偉大的動物畫家。

很多年前，羅莎·博納爾有一群馬和一窩狗，還有一個鹿園。很多動物都是別人送給她的禮物。有人送了她一頭獅子，還有人送過她一對老虎，不過夫人立即就把它們送去了巴黎的動物園，因為白村的人不願意讓他們的馬匹冒險──他們都相信獅子是很散漫的動物。

「一個動物畫家不需要擁有他畫的實物，而一個風景畫家也不希望用一個真實的山峰來打草稿。」安東莞說道。「或是和他的模特結婚。」「白鴿」提出來。

「如果你過於頻繁地見到你的模特，那麼你就會失去他們。」高個子女士補充道。

我們揮別了朋友，向楓丹白露那著名的森林邁進。我們在一塊圓木上坐下，看著蜿蜒的塞納河像一條巨蛇穿過草場伸展而去。我們的腳下就是白村，更遠處是索莫雷，還可以看到楓丹白露宮的尖頂。

「安東莞是什麼人？高個子女士呢？」當「白鴿」準備打開籃子的時候，我問。

「那是一個相當浪漫的故事，你確定想知道嗎？」

「那麼我必須知道。」

在吃東西的空檔，「白鴿」跟我說起那個故事。

高個子女士是羅莎莉夫人的姪女。她 16 歲的時候嫁給了一個波爾多的軍官。她的丈夫非常無恥地對待她，他打她並逼迫她寫求援信向她的親戚們借錢，然後他就把這些錢揮霍在賭博和豪飲上。簡短地說吧，他就是一個畜生。

羅莎莉夫人無意中聽說了這件事，於是有一天她去了波爾圖，把高個子女士從那個畜生身邊帶走，並告訴他如果他敢跟過來，她就殺了他。

「她為那個畜生畫過像嗎？」

「請安靜！」

她告訴他如果他敢跟過來她就殺了他，儘管她平時非常溫柔，不過我相信對此她是不會食言的。她把高個子女士帶回了白村，她們非常熱愛彼此。

羅莎莉夫人有一個男管家和業務代理人，他叫儒勒·卡蒙。他是個有些才華的畫家，並且在很多方面都盡職盡責地為夫人服務。儒勒愛上了高個子女士，或者說他愛她，可是她並不在意他。他快 50 歲了，還有哮喘和青光眼。他做的事讓高個子女士很不舒服。

一天夜裡，儒勒面帶怒色地來到羅莎莉夫人跟前，說他不能再在這裡待下去了，因為這裡發生的事讓他無法忍受。出了什麼事？很糟糕的事，當正派的人們睡著時，高個子女士偷偷

溜出去，在常青樹下與陌生人幽會！我就猜到是這樣！

「他是怎麼知道的？」

「他跟蹤她。而且，他還藏身在常青樹林裡等他們出現，好抓到證據。」

「是這樣啊！那麼那個男人是誰？」

「一個從楓丹白露來的畫畫的小混混，他叫安東莞，從香威爾來的安東莞[134]。」

羅莎莉夫人聽完了儒勒·卡蒙的話，說她很遺憾他不願再待在那裡，如果他想走，當然可以走。她當場付清了他的薪水，還額外多給了他兩個月的 —— 到那年年底。

第二天，羅莎莉夫人駕著她那雜色小馬拉的車去了楓丹白露，找到了那個年輕的藝術家小子。他沒戴帽子就出來了，在她坐著的四輪馬車前發抖。她告訴少年卡蒙離開了，她需要一個男人來幫助她，問他是否願意來。她許諾會付給他五倍的薪水。

從香威爾來的安東莞緊緊抓住馬車的輪子以支撐自己，喘了幾口大氣後他說自己願意去。儘管他是一個非常有前途的少年，但在當時他靠自己的作品也只能剛剛填飽肚子。

他來了。他和高個子女士大約在 6 個月後結婚了。

---

[134] 對身世不詳的某人，西歐人有直接稱呼他「從╳╳地來的╳╳」的習慣。慢慢地，就有了「從╳╳地來」這樣的短語演變而來的姓。

「那麼那個畜生怎麼樣了，他們是怎樣離婚的？」

「謝天謝地！我怎麼知道？我想那個畜生死了或是怎樣了。總之，安東莞和高個子女士是夫妻，也是一對忠誠的戀人。這 15 年來，他們忠心耿耿地為羅莎莉夫人效勞。他們說羅莎莉夫人已經完成了她的心願，並把這宅邸的一切都交給他們自由支配，他們還得到了一筆數量可觀的錢。」

4 點鐘的時候，我們返回了楓丹白露火車站。我們錯過了本來要搭乘的那趟火車，所以還要再等一個小時。「白鴿」說她並不怎麼介意，我也自然不會介意。於是我們在明亮的小候車室裡坐下，「白鴿」告訴了我許多關於羅莎莉夫人的事，有一些我從沒聽說過的她早年的生活故事。

這個世紀初，在波爾圖住著一個名叫雷蒙德·博納爾的苦苦奮鬥著的藝術家（藝術家們永遠都在奮鬥，你知道的）。他意識到生活是一件殘酷的事，因為麵包價錢太高而又分量不足，除了那些沒錢買麵包的人，似乎沒有人懂得欣賞藝術。不過窮人也能像富人一樣去愛，雷蒙德結婚了。出於對成功的迫切渴望，雷蒙德·博納爾說哪怕他只有一個兒子，他也會教他怎麼去做，那孩子會贏得世界沒有給予他父親的榮耀。

日子來了又去，去了又來，兒子一直被期盼著降臨 —— 第一胎，一個繼承人。根本沒有什麼可繼承的，除了天分，不過已經足夠了。繼承人將要繼承他父親的名字 —— 雷蒙德·博納爾。

禱告做夠了，感恩歌也唱足了。

那一天終於來臨，孩子誕生了。

這個繼承人是個女孩。

雷蒙德·博納爾粗野地咒罵著，像個滑稽的藝術家一般撕扯著自己的頭髮。他發誓他一定是被戲弄、被陷害了，上當了。他應該去買些強勁的酒，不過他沒有錢，也沒有信譽，它們就像希望一樣，漸漸遠去了。

年輕的媽媽痛哭流涕。

寶寶在長大，雖然不是一個很強壯的嬰兒。他們給她取名叫羅莎，因為第一個字母和雷蒙德的一樣都是「R」，不過他們一直叫她羅莎莉。

一年後，另一個嬰兒也出生了，那是一個男孩。兩年後又生下一個，不過雷蒙德永遠無法寬恕妻子的第一次「冒犯」。他繼續奮鬥，嘗試不同的畫風，也一直盼望著他還能偶然發現大眾的口味。范德比爾特先生還沒有發表他關於大眾的著名言論[135]，雷蒙德又怎麼能提前模仿他呢？

最後，他有了足夠的錢可以去巴黎 —— 是的，巴黎，在那裡天才會被賞識！

在巴黎又有一個嬰兒出生了 —— 這看起來是個災難。四個顫抖的小博納爾們那可憐的母親停止了奮鬥。她悄無聲息地躺

---

[135]　指威廉·H·范德比爾特，他在西元 1883 年對《芝加哥日報》的採訪中稱「大眾是該死的」。

著，他們用白色的被單蓋住了她的臉，低聲地說話，踮著腳走路，因為她死了。

當一個藝術家沒有獲得成功，他會開始教授藝術 —— 也就是說，他會去告訴別人怎麼做。雷蒙德·博納爾把四個孩子放在四個不同的親戚家裡，他成了一所私立學校的繪畫老師。羅莎·博納爾那時候 10 歲，是一個扁鼻子、方臉盤的小女孩，她穿著亞麻毛布衣服和木鞋，後背垂著一條用鞋帶綁著的黃色辮子。她會畫畫 —— 所有的孩子都會畫畫，而且孩子們最初畫的都是動物。

他父親教過她一點點，他嘲笑她畫的那些愚蠢的小獅子和小老虎們，其他的孩子都畫得中規中矩。

12 歲的時候，和她一起生活的好心人告訴她，她必須去學習服裝剪裁，她應該是一個針線藝術家。可是沒過幾個月，她造反了，穿過城市跑到了她父親那裡，要他教她畫畫。雷蒙德·博納爾不是非常願意這樣做，爭論證明了他的不情願。孩子取得了主動權，而父親這位熟練的繪畫者，開始每天給小女孩上課。很快他們就一起在羅浮宮工作了，臨摹傑作。

教一個女孩畫畫是一件讓人費解的事 —— 當時沒有女性藝術家。人們都笑著看一個黃辮子上混著顏料的小女孩在羅浮宮幫助她的爸爸，他們都說這樣很不對。

「讓我把辮子剪了吧，我要穿男孩子的衣服，當一個男孩。」古怪的小羅莎莉說。

第二天，雷蒙德·博納爾就有了一個穿著寬鬆長褲和藍色上衣的短髮男孩來協助他。

　　他們臨摹的畫能賣出去了。買者們說那些作品很有力而且很真實。家境開始變得富裕，雷蒙德·博納爾把他的孩子們都接了回來，在聖奧諾雷市郊路的一所房子裡租下了三個房間。

　　羅莎莉發現她的父親一直都在盡力取悅大眾，而她除了自己誰都不想取悅。他嘗試多種形式，而她只堅持一種。她只願意畫動物。

　　18 歲時，她為巴黎沙龍[136]畫了一幅兔子的畫。第二年，她又試了一次。她認識了一個住在維利耶的正直的老農夫，並搬到了他的家裡。她畫遍了他擁有的所有牲畜，從兔子到諾曼第種馬。她那時有一張畫，畫的是一頭惹人喜愛的荷蘭大乳牛，一個收藏家從巴黎跑來要出 300 法郎買那張畫。

　　「仁慈的耶穌啊！」那個虔誠的老農說，「什麼都不要說了，快收起你的錢吧！那頭活著的牛還不值你給的一半的價錢！」博納爾家裡的成員一個接一個都結婚了，包括父親。羅莎沒有結婚，她畫畫。她摒棄了所有的老師、所有的學校，她不聽從資助人的建議，甚至拒絕為訂單作畫。

　　她有一個原則，從來都不允許買者指定主題給她。所有的一切她都聽從自己的主意，她穿男人的衣服，甚至直到今天也

---

[136] 巴黎沙龍，成立於西元 1726 年，巴黎美術學院的官方畫展。在西元 1748 年至西元 1890 年間，每年舉辦一次或兩次，是西方世界最盛大的美術活動。

是如此。

當她 25 歲的時候，沙龍授予了她一枚金質勳章。她的〈納韋爾的秋耕〉[137] 獲得了藝術部 3 千法郎的獎勵。

西元 1849 年，雷蒙德·博納爾病倒了，在離世前他意識到自己 27 歲的女兒已經和當代或是歷史上最偉大的大師們在同一水平線上了。

28 歲時，羅莎開始著手創造〈馬匹市場〉。那是動物畫家所嘗試過的最大的油畫了。它於西元 1853 年在沙龍展出，所有嫉妒的競爭者們的閒言碎語都在它得到的顯赫讚美聲中灰飛煙滅。這在巴黎引起了一陣風暴。所有沙龍能給予的榮譽都高高地堆積在了這個女人身上，她的所有作品從此都破例地免除了陪審團的審核。羅莎·博納爾，雖然只有五英尺四英寸[138] 高，一百二十磅[139] 重，但她的傑作卻比整個沙龍都宏大。

但是成功並沒有使她在工作或生活的軌道上偏離一絲一毫。她拒絕了所有的社交邀請，遵循她自己的方式，像以前一樣勤勉刻苦地工作。當一幅畫作完成時，總是很快被賣出。

1860 年，她買下了白村這棟精緻的房子，這樣她就能安心地工作了。社會在盡力追蹤她，西元 1864 年，拿破崙皇帝[140] 和

---

[137]　羅莎·博納爾西元 1849 年所作油畫，又名 Le Sombrage（〈陰鬱〉），奧賽宮館藏。

[138]　約為 162 公分。

[139]　拿破崙三世，路易·拿破崙·波拿巴（1808-1873），法蘭西第二共和國總統，法蘭西第二帝國皇帝。

[140]　拿破崙三世，路易·拿破崙·波拿巴（1808-1873），法蘭西第二共和國總統，法蘭西第二帝國皇帝。

歐金妮皇后來到了白村，皇后親手將十字榮譽勳章別在了羅莎·
博納爾的藍色外套上，我相信那是第一次，有一個女人被授予
這樣的勳章。

　　現在 74 歲的她仍然熱愛著生活，像一個女人那樣，對所有
美好溫柔的東西都心存喜愛，然而她那想像力中蘊含的力量和
勇敢卻帶著無與倫比的男子氣魄。

　　羅莎·博納爾得到了人類可以給予的所有榮譽。她很富有，
加在她的盛名之上的讚美之詞是語言所無法表達的，她被所有
知道她的人熱愛著。

第八章
斯塔爾夫人
MADAME DE STAEL

> 越來越沒有信心與波拿巴[141]相見，他每天都在脅迫我。我困惑地感覺到自己的情感無法對他奏效。他看上去更像是一個事實存在，而不是一個至親的夥伴。他所恨的和他所愛的一樣多，對他來說只有他自己，所有其他的事只不過是一些代碼。他意志的力量存在於他自私自利的沉著謀劃之中。
>
> ——《反思》

[141] 即拿破崙·波拿巴（Napoleon Bonaparte, 1769-1821），拿破崙一世，出生於科西嘉島，法國軍事家與政治家，法蘭西第一共和國第一執政官（1799-1804），法蘭西第一帝國及百日王朝的皇帝（1804-1815）。

命運對斯塔爾夫人是非常關愛的。

她的整個生命經歷了從最高的愛到最深的痛 —— 從薔薇色的黎明到最黑暗的夜。你找不出第二個像她一樣如此豐富地觸及了生命的女人！家庭、健康、財富、力量、榮譽、感情、讚美、母性、迷失、危險、死亡、挫敗、犧牲、恥辱、疾病、放逐、監禁、逃亡。而後希望又再次出現 —— 敵人、家庭、有限的幾個朋友和仁慈的死亡又為她送回了力量、財富和名望。

如果我們說哈里特·馬蒂諾沒有明智地選擇她的雙親，那麼發生在斯塔爾夫人身上的情況就有所不同了。

人們都稱呼她為「奈克爾的女兒」，她一生都因此而高興。那些用這種方法向她獻媚的人都會得到一個陽光般的微笑作為回報。成功的女人常常都有卓越的父親，就像強大的男人都有高貴的母親一樣。

雅克·奈克爾出生在日內瓦州 [142]，像許多鄉下的男孩一樣，他去了大城市，想要試試運氣。他帶著天真、夢想，還有20個銀法郎來到了巴黎，在一家銀行找到了一份看門人或是「跑腿人」的工作，不過很快他就被提升為職員。

一天，銀行收到了一封外地客戶的信，請求一筆數額巨大的借款，並且還有一份邀請銀行加入的複雜的金融方案。行長M·韋爾納這時外出了，年輕的奈克爾便一手包攬了此事，他制定了一份詳細的財務報告書，估算了可能發生的損失，權衡了

---

[142] 瑞士西南部的州，該州首府也叫日內瓦。

贊成和反對的人數。當老闆回來時，完成的計畫書已經放在了他的辦公桌上 —— 年輕的奈克爾建議撥出貸款。

「看起來你完全精通銀行業啊！」這是 M·韋爾納帶著譏諷的評價。

「是這樣的。」這是自豪的回答。

「你知道的太多了，我會讓你去當看門人。」

這個日內瓦人不帶一絲抱怨地接受了這次降職，又回去當起了看門人。一個胸懷不寬廣的人會立即放棄他的境遇，好比人們總在命運即將微笑時將它拋棄，證人加圖[143]就在成功前夕自殺了。

有能力的人永遠都會有市場，這個市場從來都不會飽和。許多大城市正求賢若渴，不過問題是，有能力的人並不多。

「這件事不用他來插手！」M·韋爾納對他的合夥人說，他想找些藉口來安慰自己的良心。

「沒錯，但是你看看他是怎樣接受這不可改變的命運的！」

「啊！的確，他有兩種只有強者才有的特質，那就是自信和退讓。我想我過於草率了！」

---

[143] 馬爾庫斯·波爾基烏斯·加圖（西元前 95- 西元前 46），後人又稱他為烏提卡的加圖。古羅馬政治家。西元前 46 年，他與當時權傾朝野的凱撒不和，為了抵抗凱撒的野心。他糾集了當時元老院的殘餘勢力反抗，終告失敗。凱撒成了新的獨裁者，變成了凱撒大帝，結束共和。加圖不願意在羅馬帝國的統治下生存，更不能接受他的領導，於是他用劍自裁而死，而凱撒於西元前 44 年遭元老院成員暗殺身亡。

151

於是年輕的奈克爾又復職了，6個月後他當上了出納員，3年後變成了合夥人。

　　那之後不久，他娶了蘇珊娜·屈爾紹，一個清貧的女家庭教師。

　　不過屈爾紹小姐在天資上很富有，她優雅、溫柔、超凡脫俗，對於高尚的奈克爾來說，她是一個真正的夥伴。她也是瑞士人，如果你了解出身於鄉村的年輕男人和女人，在一個陌生的城市是怎樣彼此互相吸引的話，你會更好地理解這種特殊的情形。

　　幾年前，在汝拉山，她恬靜的家鄉，吉朋[144]曾愛上並追求過美麗的屈爾紹小姐。他們訂婚了。吉朋寫了一封家信，委婉地把這個好消息告訴了他的父母。

　　「你所稱讚的美麗的屈爾紹，她有很多的嫁妝嗎？」母親詢問道。

　　「她沒有嫁妝！我不想說謊。」一個溫順的聲音回答道。母親來到了這裡，迅速地取消了訂婚。

　　吉朋終身未娶。不過他坦誠地對我們訴說了他對蘇珊娜·屈爾紹的愛慕之情，並且提到了他去她在巴黎的豪宅裡看望她的情景。「她不帶一點困窘地問候我，」吉朋忿忿地說，「晚上奈克爾把我們兩個留在客廳裡，祝我晚安，他點了根蠟燭就自己

---

[144]　愛德華·吉朋 (Edward Gibbon, 1737-1794)，英國著名歷史學家，著有《羅馬帝國衰亡史》(*The History of the Decline and Fall of the Roman Empire*)。

進屋睡覺去了！」

吉朋，一個歷史學家和哲學家，也是有血有肉的人（作家們都是肉身，和一般人一樣），他無法原諒奈克爾夫人見到她以前的戀人而不帶著一點點困窘，也無法原諒奈克爾完全沒有妒意。

不過，奈克爾唯一的女兒婕曼讓吉朋高興了──比她母親更讓他高興，所以吉朋延長了在巴黎的停留時間，並且經常過來拜訪。

「她是一個美好的造物，」吉朋提到，「剛剛 17 歲，不過無論從身體上還是精神上都像是一個成年女人。她不是很漂亮，但是很迷人、很耀眼，多情敏感又大膽！」

吉朋有一些浪漫主義傾向，所有的歷史學家都有一些，他堅信如果能俘獲舊日情人的女兒的心，那將會是生活之戲的一個完美結局，並且他也借此一舉向命運、不知困窘的奈克爾夫人及她不會生氣的丈夫徹底復了仇。而且他們的女兒是不會沒有嫁妝的！

但是吉朋忘記了他已經 40 多歲了，身材短小，呼吸短促，並像塔列朗 [145] 描述的那樣「遠在數里之外」。

「我很喜歡你。」晚餐時，大膽的女兒對身邊善辯的吉朋說。

「為什麼妳應該喜歡我呢，我都可以當妳爸爸了！」

「我知道，我看起來像你嗎？」

---

[145] 查爾斯·莫里斯·塔列朗 (Charles Maurice de Talleyrand, 1754-1838)，法國政治家、外交家。

「有一點。」

「那真不幸！」

幾年後與吉朋有著同樣的智慧的她和達蘭貝爾[146]一同坐在桌前，雷卡米埃夫人[147]也在他們中間 —— 她開始是因為美貌，後來則是因為一種護膚品而著名。

「多麼榮幸！」達蘭貝爾興高采烈地大叫著，「能坐在智慧與美貌中間，我多麼地榮幸啊！」

「是的，不過這兩者你都沒有。」「智慧」說道。

不錯，這女孩的思維快得連吉朋都跟不上。她伶牙俐齒，讓他無言應對。很快他發現她對每個人都保持冷靜的彬彬有禮，只有她的父親除外。她對他似乎傾瀉了所有美好的女性之愛。這不同於普通父女間那種冷靜的情感。它是一種巨大的吸引人的愛，甚至使那位母親嫉妒。

「我無法確切地將它描述出來。」吉朋有條不紊地收住話題。

40 歲時，奈克爾已經累積了一筆財富，他從商業事務中退身而出，開始傾心於文學和優雅藝術。

「我為自己賺了些退休金。」他說，「此外，我必須有些空閒的時間來教育我的女兒。」人們總是從生意中引退，可那令人嚮

---

[146] 讓·朗德·達蘭貝爾（Jean Rond D. Alembert，1717-1783），法國數學家、啟蒙思想家、哲學家。

[147] 朱利埃特·雷卡米埃夫人（Juliete Recamier，1777-1849），法國貴族圈中的著名美人，15 歲嫁給富裕的中年銀行家雅各·雷卡米埃。她的美貌吸引了許多貴族子弟，她舉辦的沙龍一度是法國社交界名人薈萃的中心。

往的悠閒的極樂世界，卻永遠在想方設法地躲避他們。奈克爾寫了幾本不錯的書，向世界展示他除了賺錢之外還有別的才能。他被委任為法蘭西法院的日內瓦常任部長。不久之後，他又當上了法國東印度公司的總裁，沒有其他人能擁有他這樣寬廣的頭腦以勝任這個職位。他的家成了眾多顯赫學者和政治家的聚集之地。奈克爾安靜、內向，他的妻子精明、有教養、尊貴並且嚴謹。他們的女兒則彌補了兩人的不足，集合了他們的優點。

她的個子很高，體態優美，相貌莊重，安靜待著的時候她的舉止無精打采，表情有些茫然，在所有偉大的演員臉上你都能看到這種貌似遲鈍的表情。不過莊重只是表面上的，它下面藏著一座正在睡覺的火山。當遇見熟人時，婕曼・奈克爾的臉上就會煥發光彩，她的微笑可以點亮一間屋子。當她唸出一個男人的名字時，他會做好準備將自己送到她的腳下，或是為她跳下懸崖。聽到讚美之詞時，她會用一個嘆息、一個點頭或是一聲驚呼來引出最好的想法 —— 一個男人從未意識到自己會擁有的想法。她使人們為自己的才華感到驚訝，這證實了留下一個好印象就是讓一個人可以因為另一個人而高興。「任何男人和她在一起時都會變得光芒四射，」一個惱羞成怒的競爭者曾說，「如果她想，她可以讓整個屋子的女人們都變成小蟲子。」

她知道怎樣不帶著奉承去讚美別人，她的誠懇像酒一樣讓人感到溫暖。她敏捷的智慧、巧妙的應答，還有那種可以融化社交冰塊和隨意引領談話的能力，是一種也許永遠無人可及的

造詣。款待別人的女人常常只會讓人感到沮喪，因為她們太光彩照人了，讓其他人都覺得自己是個廢物。這種自作聰明的人數不勝數，他們會很怕對手，不這樣做好像就白過了一天似的。

與這些人相反的是那些坐在角落裡的社交名流們，在他們被期待著說點什麼的時候，就露出會意的微笑。只有個別人會一陣口若懸河，而另一陣又陷入苦惱的沉默中——好像他們在決定新年要做什麼似的。但是奈克爾的女兒會帶著坦率和狂熱加入到談話當中，她將自己展露給其他人，並且了解他們想要說話還是聆聽。在一些場合，她可以壟斷整個談話，似乎屋子裡只有她一個人，她的光環同時也點亮了所有的才智。這種直率，這種絕對的真誠，這種全然的不自覺，就像一隻鳥永遠都不會懷疑自己的飛行能力，只是因為它從來不用去操心這樣的事一樣。然而頻繁的能量產生出自大，未受抑制的靈魂最終會相信它自己的上帝。

當然，奈克爾的女兒十分嚮往美好的婚姻，甚至願意為之而戰。不過，能像倫琴[148]射線一樣看透男人的女人們，不會招致柔情蜜語。她們會潑激情冷水。愛需要一些幻想，一定要穿上神祕的外衣。儘管很多年輕人都站在走廊裡嘆著氣，奈克爾的女兒卻從不對他們點一下頭並把他們帶到自己的腳下。她在追尋更大的遊戲—她渴望得到大主教、紅衣主教、將軍、政治

---

[148]　威爾姆·康拉德·倫琴（Wilhelm Conrad Roentgen，1845-1923），德國物理學家，他發現了 X 射線，也就是倫琴射線。

家和偉大作家們的欽慕和讚許。

　　婕曼·奈克爾完全不懂愛是什麼。

　　很多女人永遠都不懂。如果這位年輕美好的女子遇到一個有著和她一樣清晰的思維、鮮活的頭腦和溫暖的內心的男人，如果他用和她一樣強大又敏銳的智慧突破了她的防線，她的傲慢才會被制服，她或許才會停下來。然後他們或許會看著對方的眼睛並迷失在那裡。她因此才會懂得愛是一種徹底的激情，女人有能力勝任它。

　　一枝比我的更好的筆曾經寫下過這樣的句子：「女人之愛是狗之愛。」一隻狗只是渴望著主人的出現，牠只忠於一個人。在主人的墓前，牠會哭訴自己的一生，等待著那永遠不會再得到的撫愛和永遠不會再聽到的歡聲笑語 —— 這就是一個女人愛的方式！一個女人會去崇拜、尊重、敬畏和服從，但是直到一種尼加拉瀑布[149]般的狂熱激情抓住她，她才會去愛。你記得南茜·塞克斯[150]是怎樣一寸寸地爬向比爾的手嗎？她爬向它，溫柔地撫吻那下一秒就要扼住她咽喉的粗糙手指，然後滿足地死去。這就是女人之愛！預言家說過這樣的話：「超越女人的愛。」但是預言家錯了 —— 沒有任何東西可以超越它。

　　於是高尚、溫和、迷人的婕曼·奈克爾沒有去愛。然而她

---

[149]　位於加拿大和美國交界的尼加拉河中段，號稱世界七大奇景之一，與南美的伊瓜蘇瀑布及非洲的維多利亞瀑布合稱世界三大瀑布。

[150]　英國作家狄更斯於西元 1838 年出版的小說《孤雛淚》（*Oliver Twist*）中的人物，她是比爾的情婦。

結婚了──嫁給了斯塔爾男爵，一個瑞典大使。他那時三十七歲，她二十歲。斯塔爾先生很英俊，而且知書達理。他總是在恰當的時候笑，用正確的方式說話，在該沉默時住嘴。他沒有敵人，因為他認同每一個人的每一件事。婚約訂好了，一份很長的協議書被擬出了，當事人在上面簽了字也蓋了章，見證、起誓，然後牧師宣布成婚。

這是一場幸福的婚姻。斯塔爾夫人曾在很久之後說婚姻的前三年是她生命中最幸福的時光。

可能有一些性急的人，認為他們在這些篇章中發現了一些冷酷無情的部分。這些好心人會說：「天啊！為什麼不？」

我會立即承認這些有名望的、安排充分的、計劃周密的婚姻通常都是幸福和平和的。

一對夫婦可以建立起一個大家族，無聲無息地度過一生。我也承認愛不見得就一定意味著幸福──更多的時候是一種痛苦，瘋狂的思慕和迷茫的不安。飢渴的心中無法抹去的回憶會將一個人流放，魂不守舍地不停呼喚著那個名字：「比阿特麗斯 [151]！比阿特麗斯！」所有的凡人都是如此。我概括如下：一個人如果不懂得什麼是令人心醉神迷的愛，那他就無法看到失樂園中夢幻般的美景。他永遠只能在各個世間哀嘆哭訴，既上不了天堂也下不了地獄。

---

[151]　但丁的長詩《神曲》中的人物，也是詩人在現實生活中單戀的早逝情人。

奈克爾從事業中引退是為了享受平靜，他女兒也是為了同樣的原因而結婚。她曾保證永遠不會和她父親分離。可是她迷失了，和愛一起遠走高飛 —— 不過沒關係！比起少女們，已婚女人在法國是更出色的社交名流。結婚證書立刻就可以作為代表顯赫、勇敢和傑出的執照，它也是一個可敬之人的徽章。在所有國家，結婚證書都是一份永遠不會被男人但卻一直被女人所在意的文書。

這紙文書在法國尤其受用，法國夫人們心知肚明。法國男人懼怕未婚女人，她們意味著危險、傷害、私奔以及其他可怕的事情。在法國，一個未婚女人無法期望成為一個社交寵兒，而成為一個社交寵兒正是斯塔爾夫人的野心之一。

有個地方如今被叫做斯塔爾夫人沙龍，斯塔爾男爵因為是斯塔爾夫人的丈夫而被人們熟知。奈克爾夫人的沙龍僅僅是一個回憶。奈克爾的女兒比她父親更加偉大，對於奈克爾夫人來說，女兒只不過是個戴著高聳頭巾、針繡花邊和鑽石的形體而已。塔列朗曾說：「她屬於那些不得不被容忍的親愛的古老事物之一。」

斯塔爾夫人從少女時代起就愛好文學。她寫過一些優美的小散文，並大聲朗讀給夥伴們聽，她的手稿就像她父親的銀行支票一樣四處流通。她有一種吸引美好思想和情緒的本領，沒有其他女人能把它們用更優雅的方式表達出來。人們說她是那個時代最偉大的女作家。「你是說所有時期。」狄德羅 [152] 糾正

---

[152] 鄧尼斯·狄德羅（Denis Diderot, 1713-1784），法國哲學家、藝術評論家、作家。

道。他們稱她為「字母的崇高女祭司」、「作詩的米娜瓦」、「重返人間的薩福[153]」等等。她的讚揚就意味著成功，而她的漠視則代表著失敗。她也了解政治，並筆耕不輟。如果她想安撫一個部長，她會邀請他來拜訪，一旦他前來拜訪，他就會成為她手中的泥灰。她流覽過所有語言、藝術及歷史，但她最了解人心。

當然，有一個領域她的智慧不曾涉足 —— 在她視野之外發起的活動，她對它們來說沒有任何意義。但是那些自大的、虛榮的、有野心的、倦怠的、想有所作為的人們，以及一直在尋找強大的人來給予自己幫助的人們 —— 他們群集在她的客廳裡。

當你列舉出這些人，你就會列舉出所有在商業、政治、藝術、教育、慈善事業和宗教信仰方面的重要人物。世界是被二流人物驅動的。那些最優秀的人早早地就被釘上了十字架，要不就是在死了很久以後才被人們知道。

斯塔爾夫人，在西元 1788 年，是驅動全世界的女皇 —— 至少在法國是如此。

但是精神能量就像身體力量一樣，再持久也撐不過一天。巨人們有著巨人的力量，他們用巨人的方式使用著這種會消耗枯竭的能量。如果你有精神的能量，請把它藏起來！

用你自己的方式做日常工作，並保持滿意的態度。親密的

---

[153] 薩福（Sappho，約前 630 或 612- 約前 592 或 560），古希臘著名的女抒情詩人，一生寫過不少情詩、婚歌、頌神詩、銘辭等。

接觸雖然誘人，但也使人厭惡。你的出現是一種威脅，你的存在是一種冒犯 —— 當心！他們正在你的腳下織網。當人們架起絞刑臺時，你聽不到錘子敲打的聲音嗎？

去看看歷史吧！想想所有人終有一死，你就會是例外嗎？那些發生在他們身上的事就不會在你身上發生嗎？

魔鬼並沒有為他此刻許諾的財產授予名頭。真傻啊！你對命運的要求並不比前人們多，他們經歷的情形也會發生在你身上。上帝自己也無法制止它，它都被寫在了星星上。力量引導人們！你的禱告不會被准許 —— 它將被送上名望神殿之塔的最頂端，再從那裡衝下來，撞向地面的石頭。當心！

終其一生斯塔爾夫人都是一個熱情虔誠的教徒，這樣的個性在許可和禁慾主義間搖擺不定。但是即使所謂的自由主義者都曾使用苦修主義來控訴她，因為自由主義常常是非常狹隘的。瑪麗·安東妮[154]收緊裙子走近她，睜著大眼睛滿是疑惑地看著這位「文學的米娜瓦」，內閣官員們也忘記了她的拜訪要求。有一次，一位著名的智者問道：「那個我們曾經讀過的斯塔爾夫人是誰啊？」人們哄堂大笑。

身為財政部長的奈克爾曾經在金融危機時拯救了這個國家，後來卻被免職和流放，再後來又被召回。西元 1790 年 9 月，他再一次被迫逃亡。他逃往瑞士，偽裝成一個小販。女兒

---

[154] 瑪麗·安東妮 (Marie Antoinette, 1755-1793)，原奧地利帝國公主，後成為法國王后，路易十六的妻子。

想陪著他一起，但是已經不可能了，因為一個星期前她剛剛有了第一個孩子。

但是她又重新獲得了人們的寵愛，在狂熱動盪的時期，智慧的自由和她沙龍中的火花成為了詩人和哲人們（如果可以如此稱呼這些城市裡的智者們）的必需品。

社會從未像現在這樣光彩照人，在它裡面充斥著暴動民眾的所有美好品格。沒有時間再安靜地坐在家裡享受書本了，男人女人們必須要「去什麼地方」，他們必須要「做些什麼事」。女人們借用了希臘人的裝束，身著樸素的白色長袍。很多男人在手臂上綁著黑紗，紀念他們被「斷頭臺夫人」親吻過的朋友們。空氣沸騰了，人們的血液也沸騰了，激情掀起了狂歡。孤獨時，危險會讓所有人一蹶不振，只有那些最堅強的人才能倖免於此，但暴動的民眾（弱勢族群的象徵）由女人組成——所以它是柔弱的。它歇斯底里地嘲笑著哭泣和死亡，並且「在上面跳舞」，女人們展現出非同尋常的品性。

狂熱在繼續，斯塔爾夫人舉辦了一場「貧窮聚會」，在那裡男人們穿著破舊的衣服，女人們穿著襤褸的長袍，病態取代了嫵媚。「我們必須適應這些。」她說，所有人都笑了起來。很快，在街上男人們戴著紅色的睡帽，女人們穿著睡衣，富人穿著木鞋，十幾個年輕人湊成一幫在大道上遊行，他們在夜裡拿著棍棒，高聲歡呼。

是的，巴黎的社會從來沒有過如此的活力。

沙龍裡座無虛席，人們都在談論政治。當討論進入白熱化時，有人開始唱起讚美歌，所有人都會跟著唱起來，淹沒了反對者們的聲音，直到他們表示服從並加入合唱。

在那些日子裡，斯塔爾夫人非常忙碌。她家裡全是流亡者，她為他們能否被寬恕以及他們的護照而四處奔波，懇求獲得部長和主教們的幫助、特赦或救援 —— 用上所有大人物們可以提供、給予、影響或是竊取的東西。當她的微笑無法換來期待的簽字時，她還有可以打動一顆銅心的眼淚。

這個時候斯塔爾男爵在我們的視線中消失了，留下了夫人和三個孩子。

「那不過是個『結婚儀式』，除此之外那算什麼？」夫人痛哭，伏倒在法加的懷抱裡。

「鎮定一些，親愛的。妳弄壞了我的長袍。」公爵夫人說道。

「我對他已經忍無可忍了。」夫人繼續說。

「妳的意思是他對妳忍無可忍了。」

「妳這個討厭鬼！妳就不能同情我嗎？」

兩人女人都笑了起來，這時僕人進來通告班傑明·康斯坦特[155]來訪。

像任何其他男人一樣，康斯坦特幾乎贏得了斯塔爾夫人的愛。他是一個政治家、學者、作者、演說家和朝臣。不過他是

---

[155] 亨利－班傑明·康斯坦特（Henri-Benjamin Constant, 1767-1830），瑞士貴族、思想家、作家、法國政客。

一個粗俗的人，因為當得到斯塔爾夫人的寵愛時，他寫了一封長信給曾和他保持了許多年親密關係的夏里埃夫人[156]，告訴她為什麼他拋棄了她，並用一段對斯塔爾夫人的讚美作為結尾。

我不知道一個男人是否還能做出比用傷害另一個女人的方式，去羞辱一個女人更獸性的事來。不過我無意冒犯同時愛上幾個女人的男人，有些男人以欺凌恐嚇女人為樂，而有一些則把討好女人視為最讓他們高興的事，我希望能夠清晰地劃分出這兩種人。後者也不一定就是模範，不過他的願望是給予歡樂，而不是把它們圈起來。和那種欺騙、逼迫、羞辱沒有防禦能力的女人來找出一個離開她的藉口的男人相比，他是完全不同的人。

康斯坦特的許多演講稿都是斯塔爾夫人寫的，當他們一起在德國旅行時，他無疑也為她的《淪德意志》做出了巨大的貢獻。

這個從晦澀中靠近的小男人想扮演斯塔爾夫人生命中的一個重要角色。他聽說過她的深遠影響，那是他遙不可及的，但是那一定可以將他帶得更遠。

第一執政官沒有來拜訪她，她也沒有拜訪過他。他們在玩一場等待的遊戲。「如果他希望見我，他知道我星期四會在家！」她聳了聳肩膀說。

「是的，不過一個有地位的男人會顛倒常理，他不會先去拜訪別人！」

---

[156]　伊莎貝爾·夏里埃 (Isabelle de Charrière, 1740-1805)，荷蘭作家。

「毫無疑問！」夫人說，這個話題沉重地掉在了地上。

從某處傳來了斯塔爾男爵病危的消息。這讓妻子心神不安，她一定要立即去找他——一個妻子對丈夫的責任是第一位的。她放下了所有的事，奔向他的病床邊，在那裡溫柔地照顧他。但是死亡最終奪走了他。寡婦回到巴黎穿上孝服，在門鈴上綁著黑紗，關閉了沙龍。

第一執政官表達了哀悼。

「第一執政官是個難以捉摸的人。」丹尼恩吸了一口鼻菸，嚴肅地說道。

六個星期後沙龍又重新開辦了。在不久之後的一個晚宴上，拿破崙坐在斯塔爾夫人的旁邊，他說：「妳父親是一個偉大的人。」

她還在想著別的計畫時，他就先講了一句恭維話。她想用她動人的嫵媚來向他進軍，但是他並不解風情。她的智慧變得平淡無奇，她最迷人的微笑只換來了這句話：「如果風轉向北吹，或許會下雨。」

他們是對手——這就是問題。法國太小了，容納不下他們兩個人。

斯塔爾夫人所著的關於德國的書適時地發表、宣傳、印刷，並出版了一萬冊，但是最終都被拿破崙的密探們查抄焚毀了。

「這一版書全毀了。」夫人又哭又笑地說，摸索著她的手帕。

這本書的問題就在於它對拿破崙隻字未提。如果拿破崙從來沒注意到這本書，那將是作者的不幸和遺憾。事實上她也很高興，當最後一位客人離開時，她和班傑明‧康斯坦特握手歡笑，約定了共進午餐的時間。

　　但是當富歇[157]來拜訪，道歉並咳嗽著說巴黎的空氣真糟糕的時候，那並不好笑。

　　於是斯塔爾夫人不得不離開——這就是《十年流亡記》。在那本書裡你可以讀到關於這件事的一切。她引退到了科佩特，所有的悲傷、煩擾、失望和心痛無疑都被她內心的想法軟化了，那就是——她是第一個被拿破崙流放的女人，更是他唯一徹底懼怕的女人。

　　當輪到拿破崙被流放[158]、準備啟程前往厄爾巴島的時候，他親自與那些為他效忠的人們道別。有一個感人的場面是他親吻了他的將軍們還有黑黝黝的炮兵們。當夫人得知了這件事時，她從花束上摘下一兩片花瓣，說：「你們瞧，我親愛的，區別在這裡，猶大只親吻了一個，而小男人親吻了40個。」

　　拿破崙剛一離開法國，夫人就帶著她所有的書，還有智慧和美貌回到了巴黎。奈克爾的女兒受到了整個巴黎的熱烈歡迎。

　　但是拿破崙並沒有待在厄爾巴島，至少我沒有在任何資料

[157]　約瑟夫‧富歇（Joseph Fouché, 1759-1820），拿破崙的治安部長。
[158]　西元 1814 年，由大不列顛及愛爾蘭聯合王國、俄國、普魯士和奧地利帝國組成的第六次反法同盟占領了巴黎，要求法蘭西共和國無條件投降，同時拿破崙必須退位。4 月 13 日拿破崙在巴黎楓丹白露宮簽署退位詔書，被流放到地中海上的厄爾巴島。

上讀到過。

當有傳聞說他就要返回巴黎時，夫人趕忙收好她的手稿，火速出發前往科佩特。

80天之後，那個鬼怪被證實已在「貝勒羅豐」號船上，於是她又回到了她深愛著的地方 —— 巴黎，它就是她唯一的天堂。

她被稱作哲學家和文學燈塔，但是她寫的只是社會文學。她所寫的哲學觀點，並不是要表達她感覺到的真實，而只是因為她認為把它寫出來很美好。她耕耘於文壇中，只是因為那可以讓她閃耀。雖然犧牲了愛、財富、健康、丈夫和孩子，但她可以領導社會、贏得掌聲。沒有人比她更懼怕孤獨：她必須要它在身邊照顧她的空虛，在它之上她可以施展智慧。她的人生是珍貴的典範，在這些紙頁中貫穿了女性全部的美德和她必有的缺點。

在她患病的最後時刻，每天伴隨著她的是那些忠實的「臣民」，他們一直承認她的王權 —— 在社會中她是女王。她確實達成了心願，再也沒有從那張床上站起來過。朝臣們到來，跪著親吻她的手，親近的女性友人們獻上她們的眼淚作為貢品。

她死於巴黎，51歲。

當你在瑞士的萊芒湖上乘著小蒸汽輪船從洛桑駛向日內瓦的時候，你會看見在西側岸上有一個小村莊緊緊圍繞著一座城堡，就像小牡蠣附在母親殼上。那就是科佩特的村子，搶眼的中央建築是奈克爾城堡。那裡曾是斯塔爾夫人的家，也是眾多

流亡者的庇護所。

「科佩特是行動的地獄，」拿破崙說，「住在那裡的某個女人在襯裙中藏滿了箭，它們會射向安坐在彩虹上的男人。她靈活的頭腦和強大的內心吸引了盧梭[159]和米拉波[160]，使他們與她聯合。她用陰謀做盾牌，如果你逼近她，她就會嘶喊，並大叫『救命』來引起他人的注意。」

說出此話的這個人，就是遠處山腰上那所房子的女主人的真正對手，覆蓋著藤蔓的它在陽光中像是在嘲諷地微笑。

科佩特是一個充滿了歷史的地方。

如果科佩特可以自己開口，它一定會說起伏爾泰[161]和盧梭，他們敲過這裡的門；還有約翰·喀爾文[162]、蒙莫朗西公爵、歐特維爾[163]（維克多·雨果曾以這個名字命名了一座城堡），還有法蘭西斯·伯尼[164]、雷卡米耶夫人、吉拉爾丹（盧梭

---

[159] 讓一雅克·盧梭 (Jean-Jacques Rousseau, 1712-1778)，法國著名啟蒙思想家、哲學家、教育家、文學家，18世紀法國大革命的思想先驅，啟蒙運動最卓越的代表人物之一。

[160] 米拉波 (Mirabeau, 1749-1791)，法國政治家。他放縱奢侈，早年多次被監禁。西元1776年他與女友私奔，落腳阿姆斯特丹後靠寫攻擊法國舊制度的小冊子謀生，名聲鵲起。

[161] 伏爾泰 (Voltaire, 1694-1778)。原名法蘭索瓦－馬里·阿魯埃 (François-Marie Arouet)，伏爾泰是他的筆名。法國啟蒙思想家、文學家、哲學家。伏爾泰是18世紀法國資產階級啟蒙運動的旗手，被譽為「法蘭西思想之王」、「法蘭西最優秀的詩人」、「歐洲的良心」。

[162] 約翰·喀爾文 (John Calvin, 1509-1564)，法國著名的宗教改革家、神學家、基督教新教的重要派別喀爾文教派 (在法國被稱為胡格諾派) 創始人。

[163] 法國家族。

[164] 法蘭西斯·伯尼 (Frances Burney, 1752-1840)，英國小說家、劇作家。

的學生)、拉法葉 [165] 以及許許多多的人,他們對我們來說只是一些名字,但在他們所處的時代卻是最偉大的時代。

所有這些人的首領就是偉大的奈克爾,是他策劃和修建了這個龐然大物 —— 為了他的女兒可以將它稱為「家」。

他不知道這個地方會成為她的監獄,而且她不得不帶著偽裝偷偷地從這裡溜出去。不過還是有整整 20 年她把這個地方看作是「家」。在這裡,她寫作、哭泣、歡笑和歌唱,停留時討厭它,離開時又愛它。在這裡,斯塔爾先生去世後她曾回來,在這裡,她將自己的孩子們帶到了這個世界。在這裡,她接受了班傑明·康斯坦特的撫愛,在這裡,她贏得了英俊蒼白的洛克的愛,也是在這裡,她為他生下了一個孩子。在這裡,她生命中的悲劇和喜劇交替上演,在這裡,她安息了。

在旅遊季節,很多遊客會來到城堡。一個神情莊重、胸前戴著十字榮譽勳章的老士兵,會在門房迎接你,帶著你穿過大堂、沙龍和書房。那裡有很多的家庭肖像和不計其數的紀念物,將人們帶到再也回不去的過去。手抄本的歌德 [166]、席勒 [167]、施萊格爾 [168] 和拜倫的書放在箱子裡,牆上有奈克爾、洛

---

[165] 拉法葉侯爵(Marquis de La Fayette, 1757-1834),法國貴族、軍官,曾參加法國大革命。

[166] 約翰·沃夫岡·馮·歌德(Johann Wolfgang von Goethe, 1749-1832),18 世紀中葉到 19 世紀初德國和歐洲最重要的劇作家、詩人、思想家。

[167] 弗里德里希·席勒(Friedrich Schiller, 1759-1805),德國 18 世紀著名詩人、哲學家、歷史學家和劇作家,德國啟蒙文學的代表人物之一。

[168] 奧古斯特·施萊格爾(August Schlegel, 1767-1845),德國詩人。

克、斯塔爾先生和他們的第一個孩子亞伯特的肖像，他在一次爭鬥中被一把德國軍刀砍去了頭顱，因為他在袖子裡藏了一張 K 和兩張 A。

在老城堡下面有一條從汝拉山跳著舞過來的冰涼小溪，寬闊的庭院道路上有一個噴泉和魚塘，周圍是開著花的植物和威嚴的棕櫚樹。一切都寧靜有序。在這些庭院裡沒有嬉戲的孩子，沒有愉快的聲音，沒有爽朗的笑聲，就連小鳥們也停止了牠們的歌聲。

奇特的椅子都拘謹地擺放在客廳的牆邊，葬禮般的寂靜統治著這裡，似乎死神曾在昨日來臨，而一個小時前，這座陰鬱住宅裡的所有居住者 —— 除了那個老士兵，都跟隨著靈車去送葬了，還沒有回來。

在外面，我們被領著穿過花園，走過沙礫小道，經過修剪平整的草坪，來到一個兩側是厚重石牆的鐵門前，年老的士兵停了下來，摘下他的帽子站在那裡，告訴我們在裡面存放著斯塔爾夫人和她的父母、孩子以及孩子的孩子的骨灰，一共四代人。蒸汽輪船在碼頭鳴響汽笛，好像準備把我們從夢幻、墳場和死亡中帶回去，於是我們催促自己加快步伐，還偷偷地回頭看看有沒有陰森古怪的形體跟在後面。什麼都沒有，但是直到我們上了船，聽到汽笛兩次短促地鳴響、啟航的命令下達時，我們才能順暢地呼吸。船緩緩地駛離了碼頭，一切都安全了。

第九章
伊莉莎白・弗萊
ELIZABETH FRY

> 當你建造一所監獄時，最好在頭腦中保持著這樣
> 的想法 —— 你和你的孩子們也許會用到那些牢房。
>
> —— 《巴黎監獄報導：致法蘭西國王》

門諾派教徒[169]、浸禮宗教徒[170]、震教徒[171]、歐奈達共產主義者[172]、摩門教教徒[173]和貴格會教徒都是一類人，只是他們所處的外界環境不同而已。

他們都是急進改革分子。

他們衣著簡樸，致力於艱苦的工作和虔誠的思想，因為相同的原因而遠遠避開世界的浮華和空虛，從他們當中隨便挑出一個人來都是典範。中世紀的修道士也是普通人，但偏激的禁慾主義怪癖使他們把性看作是上帝的一種過錯。這個我們現在可以放在桌面上討論的問題在許多世紀以前是禁忌話題。一個對性這個問題過分關注的人，要麼沒有老婆要麼就娶了4、5個。如果一個古代方濟會[174]的男修士不經意瞧見一件女式長罩衫正在晾衣繩上隨著不貞潔的風而歡快起舞，他便要將豌豆放在鞋裡一個月零一天。

震教徒沒有將女人排除在外，因為此派的創始人是女人，不過他們是徹頭徹尾的獨身主義者，把保持地球人丁興旺的責

---

[169]　16 世紀起源於荷蘭的基督教新派，反對嬰兒洗禮、服兵役等，主張生活儉樸。

[170]　德國教派。

[171]　新教的一個派別，由貴格會發展而來。

[172]　西元 1848 年 2 月創立於美國的實行共產主義的社會組織，可以譯作「歐奈達公社」，也稱盡善派。

[173]　正式名稱為耶穌基督後期聖徒教會。美國人史密斯所創，因信奉《摩門經》而得名，其教宣傳一夫多妻制度。

[174]　也譯為「方濟各會」，是天主教托缽修會派別之一，其教徒著灰色會服，故亦稱「灰衣修士」。方濟會提倡過清貧生活，互稱「小兄弟」。方濟會效忠教宗，重視學術研究和文化教育事業，到處宣揚福音，反對異端。

任交給了別派教徒。浸禮宗教徒聽從聖保羅的話，並且結婚，因為他們必須如此，不過他們將浪漫的愛看作是讓神嫉妒並讓自己覺得羞愧的事情。歐奈達共產主義者也抱有同樣的想法，為了摒棄女人的自私，他們會按照古斯巴達的行為舉止來追溯出身門第，因為別無他法。摩門教教徒不經意地採用了一夫多妻制。

貴格會教徒尤為不贊成充滿激情的愛。在對神的崇拜上，他們將男女分開，但物極必反。貴格會教徒通常不會舉辦別出心裁的結婚典禮，而是傾向於更自然的方式。我想告訴你，在美國南部的一個州有很多教友，他們完全拋棄了典禮，使結婚成為男人和女人之間的私人契約 —— 一種憑神聖的道德心來處理的問題。而且當這對男女在經過一段時間的考驗後發現他們的結合是個錯誤時，他們可以像結婚時一樣自由地分開，不會招來任何流言蜚語。哈里特·馬蒂諾，富有同情心的貴格會教徒，雖然沒有名號，但是身為一名獨立鬥士，她用一桿有著非凡射程和精準度的來福槍作為武器，堅定大膽地為那能讓離婚和結婚一樣簡單自由的法律而申辯。哈里特有一次稱婚姻是捕鼠器，這讓一個主教氣得渾身發抖。

但這些準禁慾教派，在某些方面是超越了偉大的人性的 —— 他們賦予了女性權利。然而大部分人一直都在空談，現在也是，成文的法律裡提到男性有某些天生的權利，女人擁有的不過是男性准予她們的權利。部分人仍然執迷不悟的原因

是簡單明瞭的。那些半禁慾教派反對強權，只進行道義上的勸說，創立了不抵抗學說。這給他們的女人一個機會來證明她們至少和男人一樣，擁有聰明的頭腦。

這些不抵抗主義者都是高尚的人，沒有一個了解他們的人會否認這一點。歐洲中世紀修道院中的僧侶們，在歐洲開始衰退時，還保留著博學和藝術。他們建造了技藝如此高超的教堂，履行了那麼出色的工作，它們讓我們在梅爾羅斯、德萊堡和佛尼斯的那些珍貴遺跡前瞠目結舌。貴格會的教徒沒有一個是乞丐；犯罪是門諾派教徒無法理解的；沒有一個浸禮宗教徒是酒鬼；歐奈達共產主義者都受過良好的教育而且都很富有；摩門教教徒以每人一年有超過 1,100 美元的收入來累積財富，這比在紐約或是賓夕凡尼亞州的居民薪資的三倍還多。還有，自從「異教徒」遍布了猶他州，那裡的監獄、收容所和救濟院就失去了意義；自從「異教徒」遍布了鹽湖城，就沒有了田德隆區 [175]，沒有了「危險階級」，沒有了賭博酒吧，取而代之的是普遍的秩序、興起的工業和有著清醒頭腦的人們。我們應該意識到這個事實 —— 準禁慾主義者所擁有的虔誠思想，讓他們十分關注自己的工作。他們是這個世界上最優秀的公民。菸草、烈酒和鴉片時而讓人平靜、鎮定，時而又讓人激動、振奮，它們始終是傷身的。它們毀損不了禁慾者，因為他們對此全然不知。他們不會用麻醉品、衝突或是怒火來損耗自己。他們相信

---

[175] 美國舊金山市內最窮亂的區，有很多成人商店和電影院，路上也常有醉漢、吸毒者和乞丐。它同時也是各類犯罪的溫床。

合作 而不是競爭。他們工作並祈禱，保持著良好的覺悟、平靜的情緒和清澈的良心。他們是地球上樂善好施的好心人。一個人真正需要的並不多，我們自身就可以變得很富有，不僅能給自己提供充足的補給，而且還有能力來照顧他人。托爾斯泰和他的女兒在俄國開了湯店，讓饑荒走投無路。真正的修行者永遠不會對苦難袖手旁觀。以前的牧師的職責就是做善事。貴格會教徒是他們最好的後裔 —— 真正的慈善家。

　　當被譏諷、嘲罵、最終被壓迫的時候，這些抗議者們會組成一個氏族或派別，使用特有的裝扮和言論。當被迫害時，他們會緊緊團結在一起，就像大草原上擁簇在一起對抗暴風雨的牛群。不過如果落單，隔代遺傳的法則就會在第二代身上顯現出來，年輕的男女們就會像鳥兒掩蓋自己閃亮的羽毛那樣，藏起他們的光芒，於是這個奇怪的教派就會融入人群之中，消失不見。猶太教徒並沒有說：「去吧，我們將是獨一無二的。」不過，像贊格威爾[176]先生闡明的那樣，他們之中仍然有一批獨特的人，因為他們曾經被排斥過。

　　成功的修道士漸漸富足而且衣食無憂，他們開始耽於酒色，變成了他們宣誓時要毅然斷絕關係的那種人。過於焦急的腳踏車騎手會衝向他們想要避開的物體。我們被自己蔑視的事物所吸引，我們蔑視它正是因為它有吸引力。意識到這一原理，就可以解釋為什麼有如此多的狂熱禁酒者都是竭力想保持

---

[176] 伊斯雷爾·贊格威爾 (Israel Zangwill, 1864-1926)，英國作家。

清醒的真正的酒鬼。在我們所有人體內有我們所恨之事的胚芽，我們會和自己所恨的事物變得相似 —— 我們本身就是自己所恨的。我聽說在費城的前貴格會教徒，都是非常講究穿戴的人們。在一個女人變成一個名副其實的貴格會教徒之前，她身上粗糙的灰色毛紡衣服以幾乎察覺不到的速度變成雅致的淡紫色絲綢衣服，那上面獨特又豐富的褶飾會誘人地沙沙作響；女式軟帽變小了，時髦地呈現出褶飾，它下面偷偷地溜出了大膽迷人的捲髮；脖子上最純潔的乳白色方巾嫉妒地藏住了世間女子展露出的嫵媚。這個風騷的女人在發現自己受到忽視後，就會賄賂裁縫，做些新行頭。

這樣，文明就像龍捲風一般，盤旋而上。

西元 1896 年 6 月 18 日，在城市教堂的一次講道中，約瑟夫‧派克 [177] 博士說：「那裡 —— 就是那裡！在離這裡一箭之地的史密斯菲爾德市場，他們燒死了瑞得雷和拉蒂默 [178]。燒死這些殉道者之火的煙曾在這裡盤旋。我祈禱著它再度盤旋。是的，那正是我們需要的！拷問臺、絞刑架、鐐銬、地牢、束薪！」

沒錯，這就是他所說的，而我在前兩天才豁然省悟，派克博士完全知道自己在說什麼。迫害無法碾滅品德，人類的作為也無法湮沒實質。人可以改變事物的形態，但無法去掉它們

---

[177]　約瑟夫‧派克 (Joseph Parker, 1830-1902)，英國牧師，基督教新教公理會的主要人物。

[178]　尼古拉斯‧瑞得雷 (Nicholas Ridley, 1500-1555) 和休‧拉蒂默 (Hugh Latimer, 1487-1555) 都是英國宗教改革的殉道者。

的本質。精神的無形品格和物體的基本元素都一樣是真實存在的。瑞得雷和拉蒂默告訴我們的真相會同燒毀他們軀體的火焰一起熄滅消逝嗎？他們的名字是最後一次寫在煙霧中嗎？這根本不需要問。那位煽動迫害的主教給他們頒發了不朽聲名的證書。但是主教並不知道這些 —— 迫害別人的主教們不知道他們在做什麼。

讓我們來猜猜，如果耶穌一直成功地將所有耶路撒冷強大且有權勢的人，團結在自己身邊，那麼結果會是如何？假如他漸漸老去，最後滿載榮譽地由仿效亞利馬太城的約瑟[179]，但比他富有許多的人，送入了墳墓之中 —— 那麼又會怎樣？如果蘇格拉底[180]曾經道歉且並沒有喝下毒酒的話，他的哲學又會變成什麼樣？柏拉圖[181]還會不會寫出《斐多篇》（Phaedo）？

只有處於貧困和迫害下的信仰才是純粹的，地球上的好東西是我們的腐化劑。所有的生命都依賴太陽，然而過分熱愛太陽的水果會最先落下並腐爛。被國家養育的、有常備軍擁護的信仰或許是一種不錯的信仰，但那不是基督的信仰，它永遠不

---

[179] 埋葬耶穌遺體的人。

[180] 蘇格拉底（西元前 469- 前 399），著名的古希臘哲學家，他和他的學生柏拉圖及柏拉圖的學生亞里斯多德被並稱為「希臘三賢」。蘇格拉底在雅典和當時的許多智者辯論哲學問題，主要是關於倫理道德以及教育政治方面的問題。他被認為是當時最有智慧的人。在雅典恢復奴隸主民主制後，蘇格拉底被控，以藐視傳統宗教、引進新神、敗壞青年和反對民主等罪名被判處死刑。他拒絕了朋友和學生要他乞求赦免和外出逃亡的建議，飲下毒酒自殺而死。

[181] 柏拉圖（約西元前 427- 前 347），古希臘偉大的哲學家，也是全部西方哲學乃至整個西方文化最偉大的哲學家和思想家之一。

能被稱為「基督教」。

　　殉道者和迫害者通常有著同樣的份量。他們是同一類人，縱觀許多世紀，他們的角色在輕易地切換著。至於哪一方是迫害者，哪一方是殉道者只不過是短暫的權力問題。他們一直在教對方使用方法，就像喜歡斥責的父母會教出莽撞的孩子一樣。他們都是有益的人，他們的真摯不容置疑。馬可·奧理略 [182]，羅馬最好的皇帝，他迫害基督徒；而卡利古拉 [183]，羅馬最糟糕的皇帝，根本不知道他的領土中有基督徒，即使他知道也不會在意吧。

　　迫害者和殉道者都屬於一種叫「強身派基督教」的祭儀，它的特點是對武力予以保留。不管怎麼說，我們都應該尊重這個讓人莞爾一笑的直率的名字 —— 強身派基督教和轉過另一邊臉讓人打 [184] 的基督教根本不是同一回事。

　　但是貴格會教徒是不抵抗主義準禁慾者的典範，他們是這種規則的例外。他們也許遭遇過迫害，但是他們不會再去迫害

---

[182]　馬可·奧理略 (Marcus Aurelius, 西元 121-180)，古羅馬帝國皇帝，在希臘文學和拉丁文學、修辭、哲學、法律、繪畫方面受過很好的教育，是著名的「帝王哲學家」，晚期斯多葛學派代表人物之一。

[183]　蓋烏斯·凱撒·卡利古拉 (Gaius Caesar Caligula, 西元 12-41)，克勞狄王朝的羅馬皇帝，也是羅馬帝國的第三位皇帝。被認為是羅馬帝國早期的典型暴君。他建立恐怖統治，神話王權，行事荒唐。由於他好大喜功，大肆興建公共建築，不斷舉行各式大型歡宴，帝國的財政急劇惡化。後來他企圖以增加各項苛捐賦稅來減緩財政危機，結果引起所有階層的怨恨。西元 41 年，卡利古拉與他的妻子西索妮亞及獨生女茱莉亞·朱西拉被近衛軍首領殺死。

[184]　《馬太福音》5：39 中「只是我告訴你們，不要與惡人作對。有人打你的右臉，連左臉也轉過來讓他打」。

別人。經證實他們就是早期基督教的現世典範。耶穌的信仰是一種純粹的反動運動，一個自鳴得意和安逸舒適的時代激發了它，大多數有頭腦的人都會同意這一點。法利賽人只有搗毀寡婦們的房子、迫害孤兒[185]，才能算是過上了好日子。一個需要獲得時間的人會將時間的鐘擺調到另一邊，當社會開始和真理捉迷藏，用愛和友誼來玩擲硬幣的遊戲時，肯定就會有某些人開始閉口不談，只用一些是或否來回答問題。當人們在街角高聲祈禱，有人會建議說祈禱的更好方式是走進儲物間並關上門。當自命不凡的統治者們身著紫色和鮮紅色的衣服，來炫耀自己是正派人，有人會建議說誠實的人更喜歡穿著樸素的服裝。當整個國家的人為變得富有而發狂，上帝的神殿被錢商們的座位占滿，在加利利[186]的某個村落就已經有一個青年意識到他神聖的血緣，坐在那裡用繩索編織起一根鞭子了。

貴格會教徒的灰色裝扮只是表達了對飛舞的緞帶、令百合蒙羞、能同彩虹媲美的高聳頭飾的反感之情。花花公子布魯梅爾[187]，高貴地舉起他華飾的大帽子，就這樣站在偉大的無名氏

---

[185] 《馬太福音》23：14 中「你們這假冒偽善的文士和法利賽人有禍了，因為你們侵吞寡婦的家產，假意作很長的禱告，所以你們要受更重的刑罰」。

[186] 巴勒斯坦北部地方，耶穌基督的故鄉。

[187] 喬治‧布萊恩‧布魯梅爾（George Bryan Brummel, 1778-1840），英國攝政時期引領時尚潮流的男人，也是當時的攝政王、後來的喬治四世的好友。他宣導穿衣的風格是不要誇張，但是要非常合體，要有漂亮的剪裁（包括深色的西裝和標準長度的褲子），最重要的是精心搭配打著精美的結的圍巾。

中，發現了他的對手威廉·佩恩[188] —— 他生來頭上就戴著帽子，沒在任何人面前摘下過。布魯梅爾帽子的高度等同於佩恩帽子的寬度。

貴格會的存在是一種對懶散空虛、奢侈逸樂、自私自利的生活的抗議。它是一種從粗俗得令人不悅的偽善、浮華和美食中自然的回歸，它讓這樣一些男女們站出來，堅定地支持簡單的生活和高尚的思想。在美色誘惑當前時，如果不是人性中的神聖道義，將個人從整體中分離出來，那麼整個人類都會滅亡，而且毫無生還的希望。這些人站出來履行他們的使命，不是要讓所有人都變成急進改革分子，而是要在不知不覺中改變大眾的趨向。他們是人類真正求實的救星。

諾維奇最想展現給觀光者的就是那所大教堂。一座宏大、莊重、陰沉的建築物 —— 始於 11 世紀，它比其他任何在英格蘭的建築都更接近諾曼第風格。

在雄偉大教堂的鐘聲裡，是的，幾乎就在它塔樓的陰影中，西元 1780 年，伊莉莎白·格尼誕生了。她的血統可以直接追溯到和征服者威廉[189] 一起到來的高納家族，他們打下了這所

---

[188]　威廉·佩恩（William Penn, 1644-1718），英國人，美國的賓夕凡尼亞州以他的名字命名，那是英國國王封給他的領地。他擔任了賓夕凡尼亞州第一任統轄者，費城最初就是在他的指導下發展起來的。他也是早期的民主政治和宗教自由的擁護者，貴格會教徒。

[189]　即威廉一世（1027-1087），原先是法國諾曼第公爵。西元 1066 年，諾曼人的艦隊在英格蘭登陸，在隨後的赫斯廷斯戰役中，諾曼第軍隊擊敗盎格魯－撒克遜軍隊，並殺死了哈樂德二世，隨後占領了倫敦。威廉被加冕為英格蘭諾曼諾曼王朝第一任國王。綽號「征服者威廉」。

教堂以及英格蘭文明的基礎。對於這個敏感、富於幻想的小女孩來說，這所充滿歷史的、在神奇傳說和滄桑歌聲中漸漸褪色的神聖教堂意味著太多太多。她出沒於莊嚴的十字形耳堂，用渴望的目光注視天花板上的雕刻，看看畫在上面的小天使們是不是活著的。她把小孩子們從街上領到這裡，告訴他們是她的祖父在石縫裡塗抹了泥灰、立起了高牆、安置了絢麗多彩的窗戶 —— 從那裡反射的光中可以看見真正的天使，在那裡當風往東吹時聖母會眨眼。小孩子們都聽得張大了嘴，驚奇不已，這鼓勵了這個有一雙好奇眼睛的蒼白的小女孩，她領他們去威廉·波林的墓，他的孫女安妮·波林[190] 過去常常到這裡來，在墓前放上花環。我昨天就站在這些小孩子們曾低聲細語過的地方。

　　就這樣，伊莉莎白的身體和理解力隨著年歲逐漸成長。她的父母並不是英國國教的成員，不過偉大的大教堂比任何教派都更偉大，對她而言，那裡就是一個真正的祈禱之所。在那裡上帝會傾聽袍的孩子們的禱告。她帶著偶像崇拜般的感情和孩子所有美好的迷信熱愛著那個地方，她跪著祈求心中的願望都能實現。所有遠古純真時代的美在她腦海裡的碧空中散發出光芒。隨著時間推移，她有了女人銳利的理解力，少年的夢幻變成了成熟的真實。她看到很多的祈禱者都很疏忽輕浮，教堂管理人員的敬業程度還不及照看她父親馬匹的僕人。有一次，當暮光蒙上唱詩班的座席，所有參加禮拜的人都離去的時候，她

---

[190] 安妮·波林 (Anne Boleyn, 1507-1536)，英國國王亨利八世的第二任妻子，伊莉莎白一世的母親。

看見一個副牧師在走廊的牆壁上劃著火柴，點燃他的菸斗，然後同教區長大聲地笑了起來，因為主教一時疏忽，將「我們讚美上帝」放在了「榮耀歸於主」之前。

慢慢地，她知道這個神聖地方的主教大人是受僱於國家的，國家也是軍隊、警察還有那些駛向紐西蘭的船的主人。那些船上載著永遠不會再回來的女人和孩子們，還有像主教大人一樣的男人們，當他們應該做另一件事時，卻一時疏忽，做了其他的事情。

一次，在諾維奇的街上，她看見一群帶著腳鐐的人，他們被一條叮噹作響的鐵鍊栓在一起，在冬日的細雨中砸著石塊。她想到了裹在皮毛中的貴婦人，可以坐著她們的四輪馬車去大教堂禱告，而這些從冬日的黑暗清晨到再次降臨的黑暗夜晚一直在砸石塊的犯人們，他們是上帝最不幸的孩子。

她看清了那簡單明瞭的事實：如果一些人身著奢華昂貴的服飾，另一些人就必須穿上破衣爛衫；如果一些人吃喝超過他們實際所需，浪費了那些美味佳餚，另一些人就必須忍受轆轆飢腸；如果一些人從來不自力更生，另一些人就必須要夜以繼日地辛苦勞作。

格尼家族的人們只是有名無實的教友，他們漸漸地遠離了直率的言語、無華的服飾和貴格會的質樸。他們靠與政府簽合約變得富有——誰又願意被人覺得滑稽可笑呢？因此，當父母聽到伊莉莎白要沿用教友們偏激的習俗時，他們目瞪口呆。

他們試著勸阻她，提醒她當一個異類是沒有意義的，選擇一種讓自己成為笑柄的生活方式是荒唐的。但是這個 18 歲的女孩立場很堅定，她下定決心要過一種基督式的生活，致力於減輕世人的痛苦。生命對於輕浮而言是短暫的，沒有人會付得起和邪惡妥協的代價。她成了孩子們的朋友、不幸者們的鬥士。她和需要關懷的人們站在一起，她是他們的朋友和安慰者。她的生命變成了為被壓迫者的哭泣吶喊、遭蹂躪者的一種防禦、對自我獻身的一次精神昇華以及為全人類同情、自由和光明的一次祈禱。

虔誠的天性和兩性生活是相通的。有高度虔誠的熱望的女人也能有偉大激情的愛。但是諾維奇的教友們並不相信充滿激情的愛，那只是魔鬼的作品。然而他們知道，沒有什麼比婚姻更能馴服一個女人。他們當然相信信仰，但不是一種令人著迷的、狂熱的信仰！伊莉莎白應該結婚 —— 那可以治癒她精神上的不適，提升一個女孩的精神力量是一件危險的事。沒有什麼可以像婚姻那樣有征服力。

或許這並不廣為人知，虔誠的禁慾主義者是偉大的媒人。在所有的宗教團體中，尤其是鄉下的宗教團體裡，想娶妻子的男人不需要去發徵婚廣告，由老婦們自發組成的委員會會做推薦和尋找對象的工作。與生俱來的性成了需要被人代理的事，曾經存活在血肉之軀中的現在成為了一種思想。就像那些紈綺子弟一樣，他們所有的罪行最終都變成了意淫，這些有著代理

權幫人求愛的老女人也是如此。

這些老婦人們物色到了一個可以做伊莉莎白的好丈夫的有聲望的貴格會男子，而且他也很願意。他從在倫敦的家裡寫了一封信給她，寄到了她父親那裡。信寫得很簡短很公務，誠實又精確地描述了他自己。他體重 140 磅 [191]，身高 5 英尺 8 英寸 [192]。他是一個收入不菲的商人，性格也好得不能再好了 —— 至少他自己是這麼說的。他的出身十分正派。

格尼家審視著這位倫敦商人弗萊先生，發現一切都符合條件。他通過了審核，被邀請來諾維奇拜訪。他來了，他看到了，他被征服了。他喜歡伊莉莎白，伊莉莎白也喜歡他 —— 她當然喜歡他，否則根本不會嫁給他。

伊莉莎白為他生了 12 個孩子。弗萊先生確實是一個出色、和藹的人。我發現有這樣的記載：「他從來不以任何方式牽制他妻子博愛的工作。」有了這份弗萊先生優秀品格的證明書，我們可以允許他離開這些紙頁，來談談他的妻子。

和預料的相反，伊莉莎白並沒有被婚姻馴服。她勤奮地操持家務，但是她並沒有被那些接二連三強加給她的「社會職責」困住，而是找到了擺脫這些束縛的方法。到達倫敦後不久，她開始獨自步行很長的路去觀察人們，尤其是乞丐們。地位低下、境遇悲慘的人們更能引起她的注意。她發現，貧困和墮落

---

[191]　約 64 公斤。

[192]　約 175 公分。

是一對攣生子 ── 儘管她還是個女孩。

在一次日常散步中，她看到在一個角落裡有一個抱著孩子的髒兮兮的女人，正伸出一張積滿汙垢的手乞求施捨，向每個路人訴說她過世的士兵丈夫的慘痛故事。伊莉莎白停下來與她交談。天氣很寒冷，離開前她把自己的手套摘下來送給了女乞丐。第二天，她又在相同的角落看到了那個女人，她過去和她說話，請求看一看被緊緊裹在破爛披肩裡的孩子。直覺的一瞥（母親特有的）告訴她生病的孩子並不是那個女人的。女人開始回避她的問題。一再追問下，女乞丐變得粗暴起來，用咒罵來保護自己，用粗暴的行為來威脅她。弗萊夫人後退了。等到夜幕降臨時她跟蹤那個女人：穿過曲折的小巷，經過成排的破舊住宅，進入了一家酒館的地下室。在那裡，在一個骯髒的房間裡，她看到十幾個嬰兒都被緊緊綁在搖籃裡或椅子上，要麼餓得要死，要麼由於疏於照料而奄奄一息。那個女人大吃一驚，不過這次沒有變得粗暴 ── 她溜走了。弗萊夫人叫來兩個女教友，照看這些小小的受害者們。

這個地下二層的托兒所使弗萊夫人看到了英國嚴酷的現實，聲明自己的基督徒身分、建造昂貴的教堂、供養無窮無盡的計酬牧師在本質上是粗俗的、不開化的。她將盡自己所能地在餘生中減少愚昧和罪惡所帶來的恐懼。

那時的新門監獄[193]和現在一樣矗立在城市的中心。讓它

---

[193]　在倫敦西門的著名監獄，1902 年被廢除。

處於這麼顯眼的一個位置是必要的，這樣所有人都可以看得見做壞事的後果而會去做些好事。監獄的前面是一排堅固的鐵柵欄，犯人們就擁簇在那裡和他們的朋友說話。透過這些柵欄那些不幸的人們可以呼求陌生人的施捨，並探出長長的木勺請求捐款──為了能支付他們的罰金。裡面有一個專為女犯人設置的牢房，但是如果男犯人的牢房滿員了，男女犯人就要被裝在一起。

為了她的女同伴而工作，我要提及這一點。有 7 歲以下孩子的女人們可以帶著孩子一起坐牢，每個星期又都有新的小孩降生，在西元 1826 年一段時間裡，新門監獄裡有 190 個女人和 100 個孩子。那裡既沒有床上用品，也不為他們提供衣物。那些沒有朋友從外面提供衣物的女人們都衣不蔽體，如果不是神的光輝讓這些最墮落的女人也互相照顧的話，那麼她們就只能光著身子了。女人們只恨她們那些成功的競爭對手。最低微的女人在危難時刻也會對另一個人伸出援助之手。

在這個圍欄中，等待審判、處決或是轉運的女人，包括從 12 歲的小女孩及 80 歲的孤弱老人，所有人都被塞在一起。重刑犯、糊塗的妓女、被指控偷了頂針的女僕、被懷疑出軌的已婚女人，還有從殘忍的家長或更殘忍的丈夫身邊出逃的心地純潔、天性勇敢的女孩們，以及精神病人們──所有人都被關在一起。所有的看守都是男人。在圍牆邊巡邏的是武裝的警衛，待命射殺每一個想要逃跑的人。警衛們通常都和女犯人的

關係不錯——比如可以隨意開懷對飲。一旦政府帶甲的手伸入鐵窗之後的女人中，讓她們不再出現在聖潔的社會中，這似乎就算完成了他們的職責。在監牢內部，除了謀殺外沒有其他的罪名。這些女人們鬥毆、欺壓弱者、互相偷竊和虐待。有時候，一些人會組成小派別以正當防衛。一次，戴著假髮、塗著粉、穿著蕾絲飾邊的監獄長，在沒有貼身護衛跟從的情況下，大膽傲慢地走進了女犯人的牢房，結果遭到了 50 個女妖怪們的攻擊。一眨眼的功夫，他的衣服已經被撕成碎片，細小得不夠做拖布條，兩分鐘後，當他退回到鐵欄後面激動地呼叫救援時，他已經像個小天使一樣赤身裸體了——即使沒有那麼純真無邪。

斗膽靠近柵欄的參觀者們常常會被請求握手，一旦被抓住，他們就被拽近，長而有力的手指會搶走他們的手錶、手帕、圍巾或是帽子——統統都進了獸穴。可憐的傢伙臉上的指甲抓痕訴說著一場扭打混戰，而從始至終牆邊的警衛們和其他的觀眾則哄堂大笑。哦，這是多麼好笑啊！

一個披肩被掠入漩渦的女人向警察抱怨，她被告知在新門監獄裡面的人不能再被逮捕了，對外來者一條有用的箴言就是遠離危險的地方。

每天早上 9 點，一個助理牧師會為囚犯們唸祈禱文。他站在柵欄的外面，而裡面的人從頭到尾都在大喊大叫，對他是否有必要出現這個問題提出各式各樣的建議及評論。這些暴徒發

出可怕的陣陣喧鬧，只有那些完全絕望的可憐人才不聲不響。
但牧師還是堅持完成自己的職責，有心人自會聽得進去。將要
駛向波塔尼灣的船隻，正停泊在港口，等待著裝載那些罪過、
惡行以及災難。在泰伯恩行刑場，每個星期都會有女人被處以
絞刑。有 300 種罪可以判處死刑，在將偷馬列為極大罪行的西
部，大部分被處以絞刑的都是犯走私罪、偽造罪或入店行竊罪
的人。將商店視為民族的英格蘭無法原諒會侵害一個縫紉用品
商利益的冒犯行為。

　　弗萊夫人，她穿著最樸素的貴格會式的灰色服裝，戴著無
邊女帽，站在新門監獄的外面，聽助理牧師讀著祈禱文。她決
心問問監獄長她是否可以自己履行這個職責。監獄長非常有禮
貌地說這樣一個重大的舉動以前沒有過先例，他需要時間考慮
考慮。弗萊夫人再一次來拜訪的時候，她的請求被准許了，不
過有著嚴格的規定 —— 她無法嘗試去改變宗教信仰，而且，她
最好不要離柵欄太近。

　　弗萊夫人平靜的話使這個大人物有點吃驚，她說：「先生，
如果你能仁慈地允許我和女犯人們一起做禱告，我願意進去。」

　　監獄長請她再重複一遍剛才的話。她又說了一遍，這個大
人物靈機一動：他可以同意她的請求，寫一份她隨時可以進
入監獄的許可令。那會給她好好地上一課，並且不會再來糾纏
他，向他提出更多的要求。

　　於是弗萊夫人呈上了許可令，大門打開又迅速在她身後合

起。她和女犯人們交談，挑選了一個看起來像是小頭目的女孩，並請其他人跟她到遠離街上喧囂的院子裡，她們可以在那裡做禱告。女犯人們默默無聲地跟隨著。她跪在石頭地面上寂靜地祈禱。然後站起身來，給她們唸《詩篇》的第 107 篇，接著又繼續祈禱，並請其他人和她一起跪下。有十幾個人照做了。她起身，在莊重的寂靜中離開。

第二天，她又去了監獄，當她走近時不再聽到那些下流話，在宗教服務工作過後，她又在高牆裡待了一個小時，和那些昨天想和她說話的人交談，看望了每個生病的孩子並照顧他們。

一個星期之內，她已經將所有人都召集在一起了，並提議為孩子們辦一個學校。母親們對這個計畫滿心歡喜。一個因偷盜入獄的女家庭教師被選為老師。一間牢房打掃得乾乾淨淨並刷上了白灰，用來當教室。這是經過監獄長批准的，他同意了這個請求並解釋說：「雖然如此，這樣的事是沒有先例的。」學校辦得很興旺，目光中充滿渴求的女人們也在教室門外偷偷地聽些隻言片語。

弗萊夫人接下來為這些灰髮彎腰的大齡孩子們舉辦了班級，12 個人分為一班，推選出各自的班長，大家都聽從她的安排。弗萊夫人從她丈夫的商店裡帶來一些布料，教這些女人們縫紉。監獄長堅持說以前沒有這樣的先例，而牆邊的警衛們說布的每一小塊餘料都會被偷走，但是警衛們錯了。

每一天都被劃分為規律的工作時間和娛樂時間。其他善良的貴格會女人也從外面進來幫忙，一個唯利是圖的警衛操持的酒吧倒閉了，於是這裡有了一個新的規定，不能將含酒精的飲料帶入新門監獄。女人們允諾將遠離靠近街邊的柵欄，除了有私人朋友來探望。她們將不再乞求，停止賭博。她們可以從勞動中得到報酬。一個女犯人代替男人當了看守。所有的警衛都離開了那堵可以從遠處監視女牢房的牆。女犯人們有了睡覺的墊子，冷天還會有毯子。監獄長很是吃驚！他叫來了市長大人和議員，他們參觀了監獄，第一次發現從新門監獄的混亂之中產生出來的秩序。

　　弗萊夫人的請求都被准許了，這個小小的女人某一天早上醒來時，發現自己已經揚名在外了。

　　她的注意力從新門監獄轉向了更多其他的監獄。她穿行英格蘭、蘇格蘭和愛爾蘭，探訪了許多監獄和收容所，她使那些權勢感到恐慌，因為她用堅定又溫和的目光直視每一次辱罵和汙蔑。她常常被一些穿著官服的有一點小權力的人輕易拒之門外，但是那些人都在有生之年意識到了他們的錯誤。

　　她受法國政府的邀請去參觀巴黎的監獄並寫一份報告，對應該進行怎樣的改革提出建議。她去了比利時、荷蘭和德國，被國王王后和首相們接見 —— 至於著裝，她那樸素的灰色衣服永遠足矣。她以相同的方式對待皇室貴族和境遇悲慘的人 —— 只是簡簡單單的平等。她頭腦中一直抱有的想法就是在上帝面

前所有人都是有罪過的人，沒有富人也沒有窮人，沒有高貴也沒有低賤，沒有束縛也沒有自由。形勢只是一時現象，她大膽地對法國國王說他應該用革新的而不是報復的觀念來建造監獄，永遠把他自己或他的孩子們也許會使用那些牢房的想法擺在前面 —— 人類的雄心是虛無的。她對羅伯特·皮爾爵士和他的內閣成員讀了關於哈曼建造的絞刑架的故事。「你一定不能把囚犯們的天空關在外面，你一定不能建造陰暗的牢房 —— 你的孩子們也許會用到它們。」她說。

約翰·霍華德[194]和其他一些人用真理之光，射穿了對精神有著錯亂的認知的愚昧之霧。人們開始相信精神病患者根本不是被魔鬼附體。然而牢房的系統、囚服和手銬仍然大有所需。沒有收容所允許犯人坐在桌前吃飯。食物被裝在錫盆裡分發給每個人，沒有勺子、刀子或是叉子。玻璃器皿和陶瓷盤子被認為是尤其危險的東西，他們聽說一個人在精神病發作時用盤子割開了自己的喉管，另一個人則吞下了一把勺子。

拜訪在伍斯特的收容所時，弗萊夫人看見病人們領到他們的錫盆，蹲在地板上，像野獸一樣吃飯。她請求看護長允許她做一個實驗，他將信將疑地同意了。在幾個病人的協助下她擺放了一張長桌，在上面鋪了一塊她自己帶來的乾淨的亞麻布，再放上幾束野花，布置得就像她自己的家裡一樣。然後她邀請20位病人一起來吃晚餐。他們來了，其中有一個牧師，帶大家

---

[194] 約翰·霍華德 (John Howard, 1726-1790)，慈善家，英國第一個監獄改革家。

做了飯前禱告。所有人都坐在那裡，晚餐像她期待中的一樣平靜愉快地進行著。

這些就是她為之而奮鬥的改革，並將它在每一個地方實踐完成。她請求廢除收容所，用家庭或醫院來代替它。拜訪收容所時，她對那些被困擾的靈魂們說：「平和，要鎮定！」半個世紀的時間，她帶著不斷增長的能量和從不萎靡的活力辛勤工作。她滿載榮譽地離開了這個世界，她受到了人們的愛戴，還沒有女人被這樣愛過 —— 被不幸的人們、殘疾的人們、弱小的人們和邪惡的人們所愛。她為當前的善而工作。監獄管理學都在她的哲學體系範疇之內，我們至今也沒有全部完成她的建議。

一代接一代的人來了又去，民族會崛起、衰老、死亡，國王們、統治者們會被遺忘，但是只要愛還親吻著痛那蒼白的嘴唇，人們就會記得並尊敬伊莉莎白‧弗萊這個名字，她是人性的朋友。

第十章
瑪麗·蘭姆 MARY LAMB

　　年輕時她的教育並沒有受到過多的關注，而她也懵懂地錯過了一個女性要想獲得造詣所需要的所有訓練。也許是偶然，也許是天意，她很早就跌跌撞撞地走進了一間裝滿優秀古老讀物的大屋子，這裡沒有那麼多選擇或是禁令，她可以隨心所欲地吸收那些肥沃的養料。如果我有 20 個女兒，我就會完全用這種方式來培養她們。我不知道她們結婚的機會是否會因此而減少，但是我可以說這樣會產生無與倫比（如果逼不得已的話）的老少女們。

—— 《伊利亞隨筆》

我歌頌姐弟之愛。但凡講述查爾斯和瑪麗‧蘭姆的故事的人，一定會講述一種愛 —— 這種愛在年幼時激勵過這對姐弟，在災難的悲哀中支撐過他們。當所有希望都破滅、理智掩起面龐時，它救贖過他們。

　　這種愛讓春季的花朵一次又一次地為他們綻放，也一次又一次地吸引來成群的仰慕者。當我們看到他們的生平紀錄，讀過他們之間的信件，我們便忘記了貧困，也忘記了不幸，腦海中浮現出的只有充滿愛與信賴的朋友們那燦爛的笑容。

　　查爾斯和瑪麗‧蘭姆的母親是一個天資聰穎的女人，有著自己的靈魂和抱負。她嫁給了一個比自己年齡大很多的男人。關於約翰‧蘭姆，我們只了解一點點。我們不清楚他的血統，我們也並不關心。他沒有好到引人關注，也沒有壞得讓人好奇。他自稱是代筆人，而實際上他只是一個隨從。他十分親和，我這麼說是看了他兒子對他的親切描述。他穿著「愛」的外衣，有豐富的知識，而且「他舞跳得不錯，是一個優秀的葡萄酒鑑賞者，會演奏大鍵琴，偶爾還朗誦詩歌」。

　　當一個有靈魂的女人站在牧師面前，莊重地許諾和一個會演奏大鍵琴、鑑賞葡萄酒的男人相愛並要生活在一起，直到他或是她死去時，她就播種下了死亡和混亂的種子。當然，我知道男人和女人在牧師面前承諾的那一刻，他們並不知道自己在做什麼，他們後來才會發現真相。

　　就這樣約翰‧蘭姆和伊莉莎白‧菲爾德結婚了，或許在那之

後不久，伊莉莎白就有了一個預感 —— 這個結合為她的心埋下了一把閃閃發光的鋒利鋼刀。她變得多病、鬱鬱寡歡，而約翰則在酒館裡找到了友誼。他踉踉蹌蹌地回到家中，問他的妻子為什麼不能像一個本分的妻子該做的那樣，用微笑和親吻來迎接他！

伊莉莎白開始變得越來越自閉了。我們常常聽到愚蠢的男人奚落女人，因為她們無法保守祕密。但是健談的女人反而往往能保守祕密 —— 在她們的心裡有一個陽光永遠照射不到的隱蔽處，那個離她們最近的地方是永遠不允許讓別人看見的。隱藏祕密比坦白直率更容易摧毀生命 —— 是的，一千倍！為什麼會有祕密這樣的東西存在呢？它是荒謬的，也是墮落的證明。如果你和我生活在一起，我的生活一定會像大氣一樣開放，所有我的想法也會是你的。如果我隱瞞這個又隱瞞那個，你終有一天會發現並有理由開始懷疑，這樣我也會隱瞞另一個祕密。亞拿尼亞[195]和撒非喇之所以遭遇了死亡，不只是因為簡單的說謊，更因為他們對真相有所隱瞞。

伊莉莎白·蘭姆企圖用祕密來保護自己，以防備那個不知感激的配偶 —— 或許她不得不這樣做。這種習性日益增長，直到她把保密當成了一種職責 —— 她保守著荒謬可笑的小祕密。當

---

[195] 耶路撒冷的信徒，他試圖欺騙聖靈，將出賣田產的所得私自留下一部分，在向彼得偽稱他已將財產全部奉獻時。他突然倒斃。三個小時後他的妻子撒非喇還不知情，又重複了她丈夫的謊言，也同樣倒斃在彼得腳前。（《使徒行傳》5章1－10節，《約書亞記》7章1節）

她收到一封姑姑寄來的信，她會在自我暗示的靜默中看完它，然後把它塞進口袋裡。如果有人來拜訪她，她絕對不會對其他人提起，而當孩子們在幾個星期後得知此事時，他們都感到十分驚異。

害羞的小瑪麗・蘭姆很好奇媽媽鎖在桌子底層抽屜裡的東西是什麼，可是瑪麗得到的回答是小孩子不可以隨便問問題。

在夜裡，瑪麗會夢見那抽屜裡的東西，有時一些黑色碩大的東西會從鎖孔中鑽出來，變得越來越大，最後填滿了整個房間，讓人感到窒息。這時小瑪麗會大聲地哭泣嘶喊，於是她父親就帶著一條皮帶過來教訓她，這總比在午夜裡把每個人都吵醒更好。

即便如此，瑪麗仍愛著她的母親，並盡力在各個方面做到她所期待的那樣。母親始終緊鎖著那個桌子的抽屜，而把她所有的柔情都藏在遠處某個高高的架子上 —— 那裡有孩子們渴求的所有溫和親切的話語和撫愛。

小瑪麗的生活似乎充滿了困擾，世界是一個令人憂傷的地方，在這裡所有的人都互相誤解。深夜裡，她常常把臉藏在枕頭中，帶著淚水入睡。

不過在 10 歲時，一個極大的歡樂降臨到了她的生活之中 —— 她有了一個小弟弟！小女孩把心中所有的愛都傾瀉在了這個小男嬰身上。當人們極度貧窮、在沒有傭人而母親又不十分強壯的情況下，嬰兒是麻煩的東西。於是瑪麗當起了寶寶的

小養母，她隨身帶著他。在他還有很久才能學會說話時，她就對他訴說了心中所有的期望和祕密，他咕咕地樂著，躺在地上踢著小腳，用類似的方式來回應這些希冀、愛和抱負。

沒有什麼證據證明瑪麗曾經上過學。她待在家裡縫紉、做家事、照看小孩。所有她的學識都是自學而來的。小男孩 3 歲大的時候，她教他學習字母，她做得嫻熟又出色，他曾說他永遠都能唸對這些字母 —— 這是應該的。7 歲時他進入了藍衣學校，這是靠著索特先生（約翰·蘭姆為他工作）的力量才實現的。索特先生是一個議員，英國和美國的議員並不完全是一回事。索特先生對小瑪麗·蘭姆很有好感，有一次她和父親在他的辦公室用晚餐，可敬的議員輕輕拍了拍她的下巴，稱讚她是一個美好的小女孩，並問她是否想要讀書。當她回答道：「哦，是的，先生！」並補充說：「如果你願意的話！」議員笑了，告訴她，她可以取走他藏書室裡的任意一本書。於是，她在大人物的藏書房裡度過了許多幸福的時光。也是在她的迫切請求下，索特先生幫助小查爾斯得到了基督慈善學院的獎學金。

如今，每一個來倫敦的遊客都對藍衣學校的男孩們帶著一種好奇之心 —— 這種情況已經有三百多年了。他們的長尾藍外衣、帶扣的鞋子以及不戴任何帽子的裝扮會讓美國人很吃驚。把一個美國人領到基督慈善學院附近，讓他自己去發現一個「藍衣」是一件讓人非常激動的事。這身裝束和「男孩王」愛德華穿過的一模一樣 —— 是他創建了這所學校。這些像小鳥一樣的

少年們，永遠不會變老。當你倚在高高的鐵柵欄上，看著裡面的男孩們嬉戲玩耍，你會感覺自己就像一個遊客在觀望著 18 世紀一樣。在基督慈善學院附近永遠都有一些駐足觀望的好奇的人。藍衣學校似乎證明了一件事，那就是帽子是完全多餘的。

　　一個從紐約州詹姆斯敦城市來的著名的人，對這些不戴帽子的男孩們留下了深刻的印象，於是他寫了一本書來證明戴帽子的行為從古至今都使人類處在愚昧的束縛中。他統計後得出了藍衣學校出名人的機率相當高這個結論，並列舉了柯勒律治、利‧亨特、查爾斯‧蘭姆等人，還有其他許多人作為依據。這個人光著腦袋回到了詹姆斯敦城，如果不是他受了風寒被肺炎帶到了另一個世界，他一定會布下他的「無帽福音」，把帽商諾克斯描寫得聲名狼藉，還會使「圓頂禮帽」這個詞從那以後變成一個笑話和一種蔑視。

　　每天上午 11 點 10 分，當小查爾斯‧蘭姆把藍外衣的長尾巴塞進褲帶裡，在操場上玩跳馬遊戲的時候，他面容憔悴、喜愛幻想的姐姐都會站在同一道鐵欄杆前望著他。她揮舞著破舊披肩的一角，他會做出回應並舉起帽子——如果他有一頂的話。當鈴聲響起，男孩們紛紛從外面湧入教室大門，查爾斯會逗留一小會，他會把手舉在頭頂上，直到它被石牆吞沒。當姐姐看到一切都好，就會趕緊返回小皇后街繼續工作了，期待著明天她還可以再過來。

　　「那個總是跟在你身後的女孩是誰啊？」一個名叫阿賈克斯

的高個英俊男孩問小查爾斯·蘭姆。

「為、為什麼你不知道 —— 那、那、那是我的姐姐瑪麗！」

「我怎麼會知道，你從來都沒給我介紹過！」阿賈克斯傲慢地回答道。

於是第二天，11 點 10 分，查爾斯和非凡的阿賈克斯去了柵欄那裡。查爾斯不得不叫瑪麗不要跑開，然後把她介紹給阿賈克斯，他們隔著柵欄握了握手。又過了一個星期，阿賈克斯，也就是人們所熟知的柯勒律治，拜訪了蘭姆一家位於小皇后街的住處，他們喝了兌水的琴酒。蘭姆的父親彈奏了大鍵琴，那是一架二手琴，索特先生贈送給他的禮物。他還朗誦了詩歌，柯勒律治在桌邊與老蘭姆交談，爭論使這個聚會變得寂靜。柯勒律治那時只有 17 歲，但已經長成了一個大男人，他像朝臣一般吸鼻菸，若有所思地敲擊盒蓋，時不時對欽佩的同伴說出一句雙關語。

瑪麗頻繁地去藍衣學校，好像她也成為了其中的一員。而且，她覺得比弟弟領先一課是她的責任，她只是想知道他在順利地向前邁進。

他在學校一直待到 14 歲，後來在南海公司的辦公室找了份工作，因為家庭需要他的收入來維持。有索特先生藏書室的幫助，瑪麗得以繼續教育這個男孩。你知道的，一個像查爾斯這麼優秀的男孩必須接受教育。不久之後，她無法再教他了。年輕的蘭姆被調到了東印度公司的辦公室，並且得到了提升，一

年的收入將近 100 英鎊。

瑪麗堅持不懈地縫紉、借書、操勞，不過有時會生病。人們說她的腦筋不太對勁 —— 也許是因為勞累過度、神經緊張，或者是別的什麼原因！父親丟掉了他的職位 —— 因為他喝了太多的兌水的琴酒。母親因為癱瘓幾乎喪失了行為能力，還有一個老處女姑姑需要人照料。家裡唯一固定的收入就是查爾斯的薪水了。

他們生活在貧困和卑微中，盼望著能有些好事發生！

查爾斯終日忙著做帳，常常拖著累垮了的身子回到家中，柯勒律治在很遠的地方，現在也沒有男孩需要教育了，只有患病的、愚蠢的、一觸即發的人。壓在瑪麗‧蘭姆身上的生活擔子，和現今愛荷華州和伊利諾州無數農婦所背負的一樣沉重。

許多年就這樣過去了。

瑪麗‧蘭姆，32 歲，溫和伶俐，出奇的善良，在一陣突發的狂暴中抓起桌上的刀子把尖刃刺入了她母親的心臟。查爾斯‧蘭姆，在隔壁的屋子裡聽到了嘈雜聲，迅速衝進來將刀子從他姐姐手中奪下，用手臂圍著她，輕輕地將她帶離。

轉身回來時，母親已經死了。

女人們經常因為看見一隻耗子而大呼小叫，男人們因為一隻嗡嗡不停的肥大青蠅打擾了他們的飯後小憩而大聲咒罵。但當時機來臨，我們每個人都能成為一個英雄，我想我就是個中

典範。

　　查爾斯‧蘭姆沒有怒號，沒有流淚，也沒說一句責備的話。他沉著、平靜、堅強地面對這起可怕事件的每一個細節，就像他在記錄帳目時一樣。沒有人比他更愛自己的母親，但是她現在死了 —— 她死了。他闔上那驚恐的眼睛，擺好那變得僵硬的肢體，把好奇的旁觀者們支開，始終在想著他該如何保護活著的人 —— 那個製造這場慘劇的人。

　　查爾斯當時 21 歲 —— 是一個感情用事、頑皮淘氣、大大咧咧的男孩。在一個小時之內他變成了一個男人。

　　我需要一枝更狡黠的筆來描繪這場悲劇的心理狀況，不過我只想說這麼多 —— 它產生於愛，那是一種得不到回報的愛，而它的結果是將愛放大了。

　　上帝啊！祢的作品是多麼地令人驚嘆！祢用腐爛的木頭滋養出紫羅蘭花叢，汙濁的水潭在祢的命令下綻放出芬芳優美的蓮花！青年時期的柯勒律治的才華是耀眼的 —— 沒有人質疑這一點。他最初讓查爾斯和瑪麗‧蘭姆頭暈目眩。即使在「藍衣」時期，他已經能寫出漂亮的四行詩。後來他去了劍橋大學，偶爾會寫信給「我的 C. L.[196]」，那也是令他的姐姐愉悅的事。瑪麗和其他的女孩不同，她沒有夥伴，對這個社會她太過誠實、認真和熱心 —— 她的理想太高了。柯勒律治 —— 英俊、機智、哲學的柯勒律治，是她的理想。她只是遠遠地愛著他。

---

[196]　查爾斯‧蘭姆的英文縮寫。

第十章　瑪麗·蘭姆 MARY LAMB

　　用我們的頭腦考慮「可能發生而未發生的事」是多麼地徒勞啊！然而我們又怎能不去想如果柯勒律治和瑪麗·蘭姆結婚會是什麼樣的結果！在很多方面，那似乎都會是一種理想的結合，因為瑪麗·蘭姆的天資可以彌補柯勒律治的每一處不足，而他的長處又可以平衡她所有的缺陷。他富有活力、任性、古怪、情緒化，她同樣機智敏銳，而且頭腦中帶著穩健。她無疑能夠勝任偉大又充滿激情的愛，他也一樣。瑪麗·蘭姆會是讓他停靠的錨，但即使如此他還是筆直地漂向了礁石。她精神上的問題源自責任感的缺失，枯燥、單調、平庸的生活磨平了她那些還未使用過的能力。如果她的心找到了家，我想她會是一個熱情四射、光芒照人的女人——心智健全、泰然自若，做著只有強者才可以做的工作。柯勒律治曾說她是他見過的唯一有「邏輯頭腦」的女人。那就是說，她是唯一聽得懂他最精闢言論的女人。

　　柯勒律治在藍衣學校進步得很快，他成為了「希臘派代表」，或是學生頭領。這為他帶來了一筆劍橋大學的獎學金，他可以去那裡追尋榮耀。但是他的革命觀念和一神論原則沒有給他帶來好運，而且他還為此遭到排擠。

　　同一時期，一個叫勞勃·騷塞 [197] 的年輕人與柯勒律治在牛津大學有著相似的經歷。其他年輕人在過去也努力試著去脫掉劍橋大學和牛津大學的保守外衣，但是這些萌芽革命者們很快

---

[197]　勞勃·騷塞（Robert Southey, 1774-1843），英國詩人，他與華茲華斯、柯勒律治一併被稱為「湖畔詩人」。

就接到離開校園的告誡，就像同病相憐的柯勒律治和騷塞遇到的情形一樣。柯勒律治還帶來一個年輕的哲學家和詩人，他也曾在藍衣學校就讀，他的名字是洛維爾[198]。

這三個年輕人討論哲學，最後得出一個結論，那就是世界是不對頭的。他們說社會建立在一個錯誤的假設上 —— 他們要去做些更好的事。於是他們計劃收拾家當去美國，在薩斯奎哈納的河岸上建立一個理想社會。等一等！一個沒有女人的社會是建立在錯誤的假設上的 —— 就是這樣，那該怎麼辦呢？現今在美國沒有女人，只有印第安老婆。

不過智謀並沒有讓他們失望 —— 騷塞想起了在布里斯托一英里外的弗里克家族。那裡有三個健康、美麗、聰明的女孩，還有什麼比娶了她們更好的事呢？世界應該被最優秀的人裝滿。這幾位女孩也欣然同意在公社的基礎上重組社會的想法，於是三個詩人娶了三個姐妹 —— 更恰當地說，每一個詩人娶了一個姐妹。「謝天謝地，」蘭姆說，「沒有第四個弗里克家的女孩，或是我，被打包收走，世界需要最優秀的人！」

騷塞是唯一中獎的人，洛維爾的妻子還算說得過去，而柯勒律治抽到了一個空簽，或者他認為是這樣的 —— 沒什麼區別，因為如果一個男人這麼認為的，那麼她就是這樣。那個終生在薩斯奎哈納河岸上和一個對他最狂野的詩情也無動於衷的、單純善良的女人生活的想法，掏空了他所有的雄心壯志。

---

[198] 羅伯特·洛維爾 (Robert Lovell, 1771-1796)，英國詩人。

由於資金不足，移民計畫被暫時放置了。沒過多久，柯勒律治聲稱他的腦子開始發霉，他匆匆離開去了倫敦，他想去散散心，讓他的精神吸吸氧氣，將妻子交給騷塞託管。

他一去就是兩年。

洛維爾很快也步他的後塵而去，騷塞的家裡只剩下三姐妹，她們還都有孩子。

在那期間，騷塞在格里塔安了家，就在有趣的小鎮凱斯維克的外面，勞多瀑布也在那裡。騷塞是一個將軍，他懂得知識就在於有一個能找到東西的祕書。他安排的研究工作和文學計畫足足能做上幾輩子，三位姐妹辛苦地做個不停。那是她們自己的一個小團體——所有人都為騷塞工作，並因此而感到榮幸。華茲華斯和他的妹妹多蘿西生活在 13 英里外的格拉斯米爾，他們也曾互相拜訪。如果你去凱斯維克的話，你應該徒步感受那 13 英里的距離，一個沒有從凱斯維克步行到格拉斯米爾的人生命裡總會有些遺憾。有人帶著嘲諷地戲稱他們是「湖畔詩人」，好像世界上還有詩人和湖畔詩人之分似的。蘭姆被稱為「一個優雅的湖畔詩人」。精通文學的倫敦咧嘴笑了，就像有人說起「密西根的甜美歌手」或是「芝加哥的繆斯」時我們表現出的那樣。不過它們不再有輕蔑的意思，就像「衛理公會派教徒 [199]」、「貴格會教徒」和「非利士人」這些詞，很快就不再是

---

[199] 基督教新教的一個宗派，主張聖潔的生活和改善社會，注重在群眾中進行傳教活動。

不體面的代名詞，而是變成讓人驕傲的稱謂一樣。

在凱斯維克有一個建立於西元 1800 年的鉛筆工廠，如果你親臨工廠便會相信，現在出產的鉛筆和那時出產的毫無二致。所有去凱斯維克的觀光者都會到工廠去買鉛筆 —— 那些鉛筆和騷塞用過的一樣，觀光者可以把自己的名字印在鉛筆上，並不需要額外加錢。工廠的牆上掛著一幅騷塞的側面肖像 —— 突顯著一個大鼻子，有紳士風度的老廠長會告訴你那是多蘿西·華茲華斯的作品。他還會給你展示鑲在玻璃框裡查爾斯·蘭姆寫的信，在信中 C. L. 寫道所有的鉛筆都還算不錯，但是沒有任何一支能比得上凱斯維克的鉛筆。

有一陣子，當時局艱難時，柯勒律治的妻子曾在這裡做鉛筆，她的丈夫此時和華茲華斯去了哥廷根學習形而上學。當柯勒律治回來聽說了妻子的行為，他溫和卻又堅決地責備了她。阿賈克斯夫人竟然穿著帶兜的圍裙在一個鉛筆工廠工作！

騷塞最後做出決定，如果柯勒律治和洛維爾是社會主義的好榜樣，那他寧願轉向個人主義。於是他加入了英國國教，變成了一個君主制主義者，為皇室高唱讚歌，他也因此而領到了養老金，當上了「桂冠詩人」，變得富有 —— 短暫的富有。

「他、他、他從三個好女人那裡找到了有保障的服務，這真是個明智之舉。」C. L. 說。

柯勒律治始終與蘭姆保持著書信來往，當他在倫敦時也和他們來往頻繁。父親和老姑姑都去世了，查爾斯和瑪麗在一起

生活。他們似乎經常搬來搬去的 —— 有記載為證。當其他的房客們聽說「她就是那個殺死自己母親的人」時，他們讓自己的孩子不要再去走廊裡玩耍。房東向房客們致歉，咳嗽了兩聲，然後漲了房租。可憐的查爾斯把這一切看在眼裡，他並不爭論。他去尋找別的寄宿處，當找到了地方他就回家對瑪麗說：「這裡太吵了。姐姐，我受不了，我們必須搬走了！」

查爾斯開始了文學創作 —— 白天是記帳員，晚上是文人。他寫作來取悅姐姐，他所有的笑話也都是為她而講的。所有真正的幽默中都有一條真實的悲傷血管，想想看，查爾斯·蘭姆作品中的恐懼、愛和溫情只是為了擊退可怕的不幸！瑪麗為她的弟弟抄寫、審閱和校對，他在寫什麼之前都會事先告訴她，然後他們一起商討細節。查爾斯學習數學，只是為了壓制他的天賦 —— 他這麼說。瑪麗微笑著說他沒必要這麼做。

柯勒律治經常來拜訪他們，還有斯托達特 [200]、赫茲利特 [201]、戈德溫 [202] 和洛維爾。騷塞到倫敦時也來拜訪，華茲華斯和多蘿西也是，因為柯勒律治已經傳播了蘭姆的聲名。多蘿西和瑪麗互相親吻，在桌下拉著手。當多蘿西回到格拉斯米爾時，她寫了很多美麗的信給瑪麗，催促她來拜訪她 —— 是的，到格拉斯米爾生活。她們的共識就是對柯勒律治的愛，由於他不屬於她們兩人中的任何一個，所以她們之間也就沒有嫉

---

[200]　約翰·斯托達特（John Stoddart, 1773-1856），英國作家、律師。

[201]　威廉·赫茲利特（William Hazlitt, 1778-1830），英國作家。

[202]　威廉·戈德溫（William Godwin, 1756-1836），英國小說家、政治哲學家。

妒。弗里克女子們都有可靠的婚姻，但是查爾斯和瑪麗不願離開──他們一定要隱藏在大城市中。「我恨你，該死的畫眉鳥、百靈鳥、食米鳥，」C. L. 帶著假意的蔑視說，「我為這些無聊的事情唱頌歌。」

他們無法離開倫敦，因為在他們頭頂上一直懸著那塊精神疾病的陰雲。

「我什麼也做不了，什麼也想不了。瑪麗又遭遇了不幸──我們看見它來了，我要把她帶到一個安全的地方去。」查爾斯在寫給柯勒律治的信中這麼說。

一個作者說他看見查爾斯和瑪麗手牽著手穿過漢普特斯西斯公園，他們兩個都在哭泣。他們在去往精神病院的路上。

幸運的是這些「病」發作前會有先兆，查爾斯可以向他的老闆請假離開，待在家中營造溫和歡笑的氣氛，轉移走那位喪失理性的可怕來客。

每次發病過後幾個星期，姐姐又會恢復成她自己，她非常虛弱，而且對先前發生的一切全然不知。所以她從不記得那場極大的災難。她知道那場死亡的事實，但上天保留了她在那件事中所顯現出的溫柔的靈魂。她常常說起她的母親，寫起她、提及她，她堅信有一天她們還會重聚。

出於戈德溫的建議，在查爾斯的協助下她寫了《莎士比亞戲劇故事集》。人們似乎都想不到瑪麗可以自己寫作，直到查爾斯

發了一個沒必要發的誓，說他所有的想法都是從她那裡得來的。

「查爾斯，親愛的，你又開始喝酒了！」瑪麗說。《故事》賣得越來越好，他們開始出名，得到的錢超過了簡單樸素、不出家門的身體所需。於是他們開始發放養老金給老年婦女們，對她們扮演起資助者的角色，對著藍茶杯算計打趣，談論著他們該怎麼處理那些錢——一年 500 英鎊！天啊，如果英格蘭銀行感到拮据，就通知 C. L.，他住在南安普敦大樓 34 號三樓，第二個口左轉第一間。

雷諾茲夫人是領養老金者之一，不過除了雷諾茲夫人沒有人知道這一點，她也從來不告訴別人。她是一個守舊派的老太太，常常與蘭姆姐弟一起進餐，喜歡將她的鼻菸盒填得滿滿的。她丈夫是個船長之類的人物，當茶很濃的時候，她會吸起鼻菸，跟來訪者說起她的丈夫，發誓她一直在真摯地懷念他，儘管上帝知道所有聰明漂亮的寡婦都在這個下流世界中忍受著痛苦！雷諾茲夫人在蘭姆家的「星期六晚間聚會」上遇見了托馬斯·胡德 [203]，他深深地迷上了她。他告訴我們：「她看上去就像個有些悲哀的、稍微有一點點老的蠟娃娃，她好像透過人工程式說話一般，總是咯咯地說個不停，直到能量耗盡為止。」

雷諾茲夫人唯一得到的文學上的榮譽，是她自稱認識戈德史密斯 [204]，他送給她一本簽名的《廢棄的農村》（*The Deserted*

---

[203] 托馬斯·胡德（Thomas Hood, 1799-1845），英國幽默作家、詩人。

[204] 奧利弗·戈德史密斯（Oliver Goldsmith, 1730-1774），生於愛爾蘭的英國劇作家、小說家。

Village）。

我們每個人心中都有一塊柔軟的地方留給這個稍微有一點點老的蠟美人，蘭姆姐弟對待她如此溫柔又耐心。他們每年都會去海格特墓地，在那個她永遠真正懷念的船長墓前放一束鮮花。

這些無依無靠的老人們常常在蘭姆家相遇相識，因為這些人，他們的名字現在變得不朽。如果要書寫英國文學的歷史，你就不能將蘭姆姐弟落下。他們是騷塞、華茲華斯、柯勒律治、德·昆西[205]、傑佛瑞和戈德溫所愛的和親愛的朋友們。他們贏得了所有那些珍視深遠才智及敏銳的創造力的人們的讚譽。他們生命中的悲痛和溫情像藤蔓一樣纏住我們，俘獲了我們的心。

他們收養了一個小女孩，一個名叫愛瑪·伊索拉的美麗的小女孩。愛瑪·伊索拉給查爾斯和瑪麗這對父母帶來了無與倫比的快樂。奇怪的是，他們並不用讚美來寵愛她，而是開心地笑她所有傻乎乎的小胡鬧。瑪麗親自教育這個小女孩，為了達到更好的教學效果，她組了一個班，一個有三個人的班 —— 愛瑪·伊索拉、威廉·赫茲利特的兒子和瑪麗·維多利亞·諾維洛。我見過瑪麗·維多利亞一次，她現在已經80多歲了。她的背有些駝，然而她的眼睛依然明亮，有著年輕人的笑容。人們稱她為瑪麗·

---

[205] 托馬斯·德·昆西 (Thomas De Quincey, 1785-1859)，英國著名散文家和批評家。

考登‧克拉克 [206]。

　　我希望你記住，親愛的，是瑪麗‧蘭姆把莎士比亞介紹給另一個瑪麗的，是她讀了《故事》的手稿給她聽。而且，正是《故事》的大獲成功激起了瑪麗‧考登‧克拉克也要寫一部關於莎士比亞的偉大作品的雄心。將《故事》稱為偉大作品不知是否恰當——那些簡單的故事似乎稱不上有多偉大，不過對於那部輝煌的、鑄就一生成就的《索引》[207] 而言，這種說法是恰如其分的，因為瑪麗‧蘭姆是它的祖母。

　　愛瑪‧伊索拉嫁給了愛德華‧莫克森，莫克森的家就是瑪麗‧蘭姆的家——只要她想隨時可以把這當成她的家，直到她死去為止。莫克森一家無聲無息地做善事，而且很高興他們從來沒有一覺醒來發現自己已一夜成名。

　　「如果有一天瑪麗離我而去永遠也不再回來，我該怎麼辦？」查爾斯有一次這樣對曼寧 [208] 說。但是在查爾斯走了以後，瑪麗活了整整 20 年，一直活在關於他的充滿愛意的回憶之中——他把自己的一生都獻給了她。她的存在似乎只是為了說起他，為了在埃德蒙頓古老的小墓園裡他安息的地方獻上花環。華茲華斯說：「墳墓是一個平靜的物體，順從地讓春天為它

---

[206]　瑪麗‧考登‧克拉克（Mary Cowden Clarke, 1809-1898），英國作家。

[207]　瑪麗‧考登‧克拉克於 1846 年所著的《莎士比亞詞彙索引》（*Concordance to Shake-Speare*）。

[208]　托馬斯‧曼寧（Thomas Manning, 1772-1840），被認為是第一個研究中國的歐洲學者和第一個進入拉薩的英國人。

披上野花野草。」她的工作是照看那些領養老金的人和完成「我弟弟查爾斯」的願望。

領養老金的人們也一個接一個地安息了，溫和的瑪麗漸漸蒼老衰弱，她也成為了一個領養老金的人，感謝英國人心中還存留的神聖的天性。她從來都沒有意識到這一點。在生命的最後時刻，她還在照顧「可敬的窮人」。她每年都會去海格特墓地，為英勇的雷諾茲船長送上鮮花。她永不厭倦地讚美查爾斯，永不厭倦地寬恕柯勒律治的缺點。她只活在過去，那裡關於愛的回憶足以對抗身體的頑疾。

於是她走下山谷，走進巨大的陰影，陷入一個歡樂的、破碎的關於弟弟之愛的沉思裡。

後來她被送到埃德蒙頓的墓園裡，和弟弟在墓中安息。他們活著的時候不曾分離，死亡後也沒有被隔開。

第十章　瑪麗・蘭姆 MARY LAMB

第十一章
珍・奧斯丁 JANE AUSTEN

> 我可以告訴你德拉福德是一個美好的地方,一個絕對可以稱之為美好又古樸的地方,安逸且舒適,處在被果樹包裹著的高大院牆的懷抱中,它的角落裡還露出一株深紫色的桑樹。那裡有一個鴿舍,幾池歡騰的魚塘,一條非常可愛的小渠,簡而言之,那裡有令人渴望的一切。而且,它就在教堂附近,距離大道只有四分之一英里。
>
> ──《理性與感性》(*Sense and Sensibility*)

在英格蘭的劍橋大學我遇見了他 —— 一個充滿智慧的傑出牧師。

「他不是一個大學士式的人物，」我的新朋友、世界上最偉大的傳教士，約瑟夫·派克博士說，「即使他是、他也不會做出這些荒謬的事情來，你知道的。」

「他有一點像亨利·歐文[209]。」我冒昧地辯解道。

「的確，真是荒謬的怪癖 —— 你見過類似的人嗎？是的，一個從約克郡來，一個從康沃爾郡來，兩個都是非利士人。」

他為自己的小玩笑笑了起來，我也笑了，因為我一直都試著做一個有禮貌的人。

於是我離開了，在閒逛的時候，我想到我的牧師朋友是對的 —— 大學的課程或許扼殺了這些強大的人物的個性，在他們的天賦上添加了一份純粹的中庸。我又進一步地想到了他們是如何越學越傻的，莎士比亞在牛津的時候沒有做過比結識一個旅館老闆娘更高超的事 —— 能回憶起這個真是一種欣慰。

哈佛大學的學位似乎不可能產生出比亞伯拉罕·林肯更強大的人。還有愛迪生，他的大腦創造出這個世紀無人能比的偉大變革，而他卻並不精通耶魯大學所教授的物理學。

補償法則永遠有效，受到過多書本教育的人就領會不到神

---

[209] 亨利·歐文爵士（Sir Henry Irving, 1838-1905），英國演員、劇場導演。西元 1895 年歐文成了第一位被英國君主授予騎士爵位的演員。他因扮演眾多莎士比亞劇中的角色而贏得廣泛讚譽。

的教育。過去的大多數教育未能喚醒才智的覺悟。那是一種耶穌會士[210]對待印第安人的教育方式。它使他們變得平和，但卻扼殺了他們所有的尊嚴和品格。他們從高尚的棕色貴族降格為卑賤的印第安人，將自己對朗姆酒的繼承權給了別人。

世界對於教育的計畫通常都是僧侶式的 —— 我們努力地諄諄勸導人們去相信、去尊重。我們列舉權威、引用先例、給出榜樣。這都不過是一種記憶，而精神的曠野始終未被開墾。

用這種方式教育出來的種族永遠無法進步。只有少數先驅走在崎嶇的路上，他們的所作所為或是不為人知，或是無人在乎。這些人往往被同時代的人稱為野蠻人，他們被譏諷、被嘲罵。他們的古怪反常為世人提供了如此之多的歡笑。有時，當他們死後，世界會把他們封為聖徒，並在他們的墓上刻下「救世主」這個詞。

那麼我是在為無知辯護嗎？好吧，是的，寧願如此。一點點的無知並不是一件危險的事。一個讀書過多的人，他腦子裡堆積了太多的既成事實，已經達到飽和了。太多的條條框框讓他的大腦變成了一個固體，容不得任何事物進來或出去。他的靈魂裡沒有會客室，他進步的唯一指望就落在了別人的身上。

因此某種程度的無知似乎是做一項偉大工作的必需裝備。生活在一個大城市裡，了解其他人在做什麼、說什麼，結識有

---

[210] 耶穌會 (The Society of Jesus) 成員的統稱。耶穌會為天主教的主要修會之一，最主要的任務是教育與傳教，在歐洲興辦了許多大學。

學識有影響的人，聽他們的訓誡和說教。看看遼闊的圖書館那沒有盡頭的書架就會讓人氣餒。從而我們發現天才在本質上是有田園風味的 —— 一種鄉下特產。從沙龍、晚會、劇院、音樂會、演講、圖書館產生出一個在合適的時候笑、恰當的時候鞠躬的不錯的平庸之才。但是最好記住喬治·艾略特、伊莉莎白·巴雷特、夏綠蒂·勃朗特和珍·奧斯丁都是鄉下女孩，她們沒有廣泛的交際，也沒有被經典名著所滋養，她們對世界上正在發生的事有一種有益健康的無知。

　　從珍·奧斯丁在世起到現在已經有 100 多年了，但是當你走過從奧佛頓火車站到她的出生地史蒂文頓之間的 5 英里，你會發現似乎不是這樣的。英格蘭的鄉下並沒有什麼大的變化。碩大如絮的白雲在藍天上慵懶地捲動，灌木籬牆裡藏滿了嘰嘰喳喳的小鳥，你聽得見卻很難發現牠們。草場裡面容慈祥的乳牛瞪大眼睛從石牆的那一邊看著你，高聳的榆樹在微風中搖擺著枝椏，而烏鴉在裡面開起了辯論會。你看見的雲、藍天、灌木籬牆、小鳥、乳牛和烏鴉正是珍·奧斯丁所熟識的 —— 沒有變化。這些石牆從那時起就站在這裡，還有這些低矮的石頂穀倉和房門上爬滿玫瑰的白漿村舍也是如此。

　　駐足在這樣一個溫暖親切、大方可愛的小村舍前，我看見從院門通向屋門的小路兩側整整齊齊地種著兩排花，小通道是用煤灰鋪成的，花圃的邊緣嵌著碎瓷片作為分隔線。這是一件出神恍惚的、不禮貌的事 —— 倚靠在門上，用挑剔的眼光審查

這個園藝布局，而且這顯然還是一個過度操勞的女人的作品。

當我正站在那裡的時候，門開了，出現了一個捲著袖子的女人。我自言自語地道了一聲歉，不過在我把它清楚地說出口之前，她舉起一把剪刀說：「先生，也許你想剪些花 —— 門邊的玫瑰是最好的！」

三個小孩子拽著她的裙子，從後面探出圓圓的臉蛋偷偷地瞧我，有一個孩子不經意地露出了靈巧的腳踝。

我接過剪刀剪下三枝精美的紅玫瑰，說這真是美麗的一天。她表示認同並說她剛剛提煉了奶油，如果我願意花一分鐘等奶油來，她會給我一杯奶油奶。

我沒有推辭，於是得到了奶油奶。當孩子們不再躲藏時，我才想起給他們每人一便士。我只能找到兩枚銅幣，於是我給了兩個男孩每人一便士，給了小女孩一先令。母親說她沒有零錢找，一先令對於那樣一個小女孩來說太多了。不過我假裝自己發了財，說我從加利福尼亞來，在那裡最小的零錢是一美元。

「快來謝謝這位紳士，珍。」

「對，珍·奧斯丁，過來謝謝我吧！」

「你怎麼知道她的名字是珍·奧斯丁 —— 珍·奧斯丁·韓弗里斯？」

「我不知道，只是猜的。」

韓弗里斯夫人停下了手中的奶油工作，對我說她為小女孩

起這個名字，是因為很久以前住在這附近的一個叫珍‧奧斯丁的人。珍‧奧斯丁是最偉大的作家之一，教區長曾這樣說過。那位尊敬的喬治‧奧斯丁牧師許多年都在史蒂文頓講教，我應該去那所他講教的教堂看看，珍‧奧斯丁以前也常去那裡。如果我想了解關於珍‧奧斯丁的書的任何事，教區長可以告訴我。「親一下這位紳士，珍。」

於是我親了親珍‧奧斯丁圓嘟嘟的臉蛋 —— 玫瑰色的臉頰，拍了拍男孩們亂糟糟的頭以示祝福。我從史蒂文頓出發去拜訪那位充滿智慧的教區長。

向他的人民教授他們身邊發生的歷史，為他們講述曾經生活在附近的傑出人們的牧師，是既聰明又善良的行為。現在史蒂文頓的教區長就是這樣的人 —— 我非常確定。

西元 1775 年到 1801 年間，曾有一個非常幸福的家庭生活在史蒂文頓的教區。家中有五個男孩和兩個女孩，較小的女孩名叫珍。她和最小的男孩詹姆斯之間隔了 12 年 —— 每年 365 天，不算閏年的話。

男孩們被送到學校接受教育，當他們放假回家時會帶禮物給母親和女孩們，大家其樂融融。

詹姆斯去了牛津大學。女孩們沒有上過學 —— 在當時教育女人被認為是不值得的事情，一些人至今還保持著這種想法。當男孩們回到家中，他們會貼著門框站直，那上面有帶日期的標記，記載著他們的成長速度。他們會被問及所學的知識，他

們的書本也會被查閱。有一次，姐妹中有一個說她知道她的兄弟們所知道的一切知識，而且，她都是靠自學學會的。

在圖書館裡有大量的書，女孩們充分地利用起它們。她們會唸給父親聽，「因為他的視力很差」。不過我想這只是那位好心的教區長一個狡猾的詭計。

在那個家庭裡我找不出任何祕密，奧斯丁先生與夫人也從未說過小孩子不應該偷聽大人講話這類的話。它是一個小小的文學界 —— 只有他們自己參與其中。附近的自耕農很少有人能識字閱讀，在農民與小孩、兄弟與姐妹、僕人與觀光者之間發展出了一種友愛的美好精神，看到此情此景也是一種快樂。在鐵路出現之前，「觀光者」更是一個特殊的人物。與現在的「觀光客」相比，他停留的時間更長，也更受歡迎，他從遠方帶回來的消息會受到人們殷切的關注。如今，我們知道每一件事，而且幾乎就在它發生之前，因為黃色新聞[211]是如此警覺，它讓未來打了折扣。

在奧斯丁家裡，曾經生活過一個叫沃倫·赫斯廷斯的孩子，後來他死了。這個少年得到了奧斯丁一家的關愛，他們甚至把他當作自家人。那些年長者們討論的事情對孩子們來說，也是一筆財富。

主教每年都會過來一次 —— 他穿著及膝短褲和平頭釘皮

---

[211] 源於 19 世紀末，美國兩家報紙關於《黃孩子》(*Hogan's Alley*) 漫畫專欄的競爭，後來演變為競相編造和導演新聞事件，一時間各種宣揚社會醜惡現象的新聞氾濫於市。

鞋，戴著寬邊帽，小教堂也被綠色植物裝點起來。小珍從前以為主教是從天堂來的，有一次，出於禮貌，她問他所有在天堂裡的人們是否都還好，其他的小孩都咯咯地笑起來，而主教把一整杯茶都灑在了他最貴的外衣上，咳嗽哽塞得滿臉通紅。

當珍 10 歲的時候，奧斯丁夫人姐姐的女兒也來到這個教區生活。她從法國來投奔他們，她叫費尼雷德夫人。她是個寡婦，不過只有 22 歲。一次，小珍無意中聽到一個兄弟說費尼雷德先生親吻了斷頭臺小姐，她問他那是什麼意思，他沒有告訴她。

夫人能說一口流暢又優雅的法語，女孩們覺得很奇怪世界上竟會有兩種語言 —— 英語和法語，所以她們也從法語中挑取了一些單字，在飯桌前莊重地說著「謝謝，爸爸」和「請，媽媽」。後來奧斯丁先生建議，所有人在飯桌上都只許說法語。於是夫人教她們怎麼用法語說糖、鹽和麵包，每個人都要用法語來說它們的名稱。兩個星期後，每個坐在桌前的人，包括桌邊的女僕，都用流利的法語說著菜譜。6 個月後，她們就可以輕鬆自如地交談了。

帶著所有獨創性的科學，至今也沒有找出一個比奧斯丁一家在史蒂文頓教區所採用的更好的方法，來學習一門新的語言。我們現在稱之為「貝立茲教學法」[212]。

---

[212] 德國人貝里茲開創的語言教學法，透過用外語進行會話、交談和閱讀來學習外語，而不是用母語來翻譯和學習形式語法，也就是說要直接學習、直接理解、直接應用外語。

費尼雷德夫人的寡婦身分並沒有使她憂心忡忡，她反而幾乎成為了整個家庭的生活支柱。

一個奧斯丁家的男孩愛上了這個法國寡婦，只有非常麻木的鄉下男孩才會對這樣一個法國寡婦無動於衷！

他們結婚了，從那以後永遠幸福地生活在一起。

在夫人結婚搬走之前，她教女孩們做看手勢猜字謎的遊戲，還教她們寫一些小劇本，並在穀倉裡表演戲劇。

當找不到合適的劇本時，珍就在卡珊德拉的幫助下寫了一個，由夫人來批閱，奧斯丁牧師提出修改建議，然後再由珍改寫完善。這是珍·奧斯丁在為大眾寫作上的最初嘗試。

珍·奧斯丁寫了四部偉大的小說，她 20 歲時開始動筆寫《傲慢與偏見》，一年後完成。老父親自發地開始了閱讀小說的歷程，他想用他的頭腦對女兒的作品做出判斷。他確信她寫得很好，不過又擔心愛矇蔽了他的眼睛，他想得到證實。在六個月的修改校訂後，他寫了一封信給一個出版商，說他有一部偉大小說的手稿想要轉讓。他向出版商保證這部小說和伯尼小姐 [213]、埃奇沃思小姐 [214] 等人的一樣出色。

出版商們會收到無數這樣的信件。當奧斯丁先生被潑了一盆冷水後，珍的手稿就被放置在頂樓上了，它在那裡躺了 11 年才找到出版商。這期間奧斯丁小姐寫出了另外三部小說 —— 沒

---

[213] 范尼·伯尼 (Fanny Burney, 1776-1828)，英國小說家。
[214] 瑪利亞·埃奇沃思 (Maria Edgeworth, 1767-1849)，愛爾蘭作家。

抱著會有人出版的希望，只是想取悅她的父親和一些親密的朋友，他們安靜地讀她的小說，嘆息或微笑。

在她 30 歲的時候，父親去世了 —— 他離去時沒有想到世界還會認可他對女兒的書價值的慈愛的評估。

父親離世後，家裡的經濟就出現了問題，必須要做一些事情來趕走隨時可能出現的斷糧的情況。積滿灰塵的手稿被取出來，加以潤色，然後屈就於出版商。他們只是聞了聞就把它又送了回來。最後有一個足夠大膽的人讀了它，他很喜歡，又不願承認，不過他決定把它印刷出來。他這麼做了。人們喜歡它、談論它，雖然反響不是很強烈。發行工作緩慢地進行著，出版商偶爾會從倫敦給奧斯丁小姐寄來小額的匯票，並因為數額沒有變大而表示歉意。

現在，如果提到寫書，沒有人會誤認為它的意思就是有人說：「嘿，我要寫一個故事！」然後坐在桌前拿起筆在墨水瓶裡一蘸，就開始寫了。故事不是這麼寫出來的。故事占據了一個人的全部生活 —— 一個事件接一個事件，你寫作是為了擺脫它們，這其中還摻雜著一些其他的動機，就像銀子中常常也會摻雜其他的東西一樣。曾經愛過的男女們回想發生過的事情，想像所有本可能發生的事情，經過仔細構想把它寫出來，但這只是步驟之一。當你在這個上午開始寫第一章，把這段情節逐出你的腦海，日落前下一章就已經在你的頭腦中了。第二天早晨，你寫第二章，來刪除你的思緒，這樣故事就躍然紙上，最

後變成了一本書。但這種事情只有當你生活在鄉下，有時間去思考，沒有被過多的工作和憂慮壓垮時才會發生。這個故事是否好看，就取決於你所釋放出來的這一切。

雕刻家從大理石上一點點地鑿去碎屑來製造出一尊美麗的雕像。真正快樂的人是不會寫故事的 —— 他們的脂肪組織不斷堆聚，最後死於大腦脂肪淤積。對生活的某種失望和對周遭的某種不滿是激起想像力創造性的必需品。如果所有事情都如你所願，你便可以安坐著享受它們了。你會忘記時間的流逝、季節的推進，忘記你未來的生活、你的家庭、你的國家 —— 所有的一切，就像安東尼 [215] 在埃及所做的那樣。一種消沉的致命的滿足感會將你圈住。痛苦、失望、不安或是一種使人受傷的快樂，都是讓頭腦活躍起來的刺激物。

珍·奧斯丁生活在一個小村莊裡。她感覺到她生活的狹隘 —— 她的家庭無法理解她的想法和情感。她的愛情只是一次短暫的心靈休憩、一種理解。天堂的大門微微地敞開著，她瞥見裡面的榮譽，嘆息了一聲，合起雙手低下頭感激地祈禱。

當她起身時，門已經闔上了。道路漆黑，她獨身一人 —— 獨自在一個吹毛求疵的小村莊裡，一個疲倦的人們工作、閒談、吃喝、睡覺的小村莊。她的確有一個令人愉悅的家，但一個人是世界的公民，而不只屬於一個家庭。

---

[215] 古羅馬統帥，後任執政官。西元前 37 年，與埃及女王克里奧派特拉七世結婚，深居亞歷山大宮廷，儼然以帝王自命，樂而忘返，不再回羅馬。後被屋大維打敗，最終自盡而亡。

珍·奧斯丁開始寫，她寫這些鄉村裡的人們。珍很高，20歲，不是非常漂亮，不過很好看。她看上去很善良，因為她本來就很善良。她虔誠，但不是過分虔誠。她常常召集起教區的居民們，去看望那些生病的、地位低下的和遭遇麻煩的人。當從倫敦來的「大人物」光臨教堂時，她也和教區長一起去向他們呼籲善舉。教區長是所有人的僕人 —— 他的工作就是去幫助和奉獻，因為他是「教長」。尊敬的喬治·奧斯丁也為他的小女兒感到驕傲。她和他一樣高，尊貴而溫和。牧師暗自歡喜地看到她的風韻和才智可以同任何一個從倫敦來的美婦相媲美。

　　儘管善良的教區長祈禱著：「仁慈的主啊，引領我們遠離靈魂中所有的虛無和驕傲吧。」可是他對高個子女兒珍來說可不是什麼虛無的東西，我很高興他不是。上帝嫉妒我們對所愛之人所付出的摯情，再也沒有比這更瘋狂的想法了。如果我們被詛咒，那是因為我們為身邊的人付出的愛太少了。

　　哎！兄弟！那可不是小小的歡愉 —— 60歲時你有一點點駝背和輕微的風溼，可你還有一個可愛又尊貴的被祝福的女兒，她會幫你梳理稀疏的灰髮，幫你穿上外套，為你遞來拐杖，心甘情願地拉著你的手在鄉間小路上散步。變老和假裝坐骨神經痛也是一種誘惑。如果你明白這個簡單的道理，有一天，就像

年老的李爾王[216]，考狄利婭的淚水將滴落在你枯萎的臉頰上，這種想法會是一種慰藉。

於是珍·奧斯丁開始寫她身邊樸素的人們的故事。她在家中起居室的桃心木小桌子上寫作，以便在那些過來訴苦的愛打聽的鄰居們進來，詢問那些紙片是什麼之前，她可以迅速地把它們收起來！她把所寫的一切都唸給父親和姐姐卡珊德拉聽，他們會在一起談論它，有時笑，有時哭，有時還會開玩笑。善良的教區長認為女兒們表達並寫出她們的情感，對她們來說這是一種很好的精神訓練。這兩個女孩合作進行創作 —— 就是說一個人寫而另一個人旁觀。兩個女孩都沒有接受過「教育」，她們的知識都來自於父親。不過她們出生在一個好學的家庭裡，並繼承了熱情好客的性格和善於接納的心靈，這比被送去哈佛分院[217]要好得多。牧師們，像其他人一樣，有時會裝模作樣地表現出他們其實並不具備的美德。但是喬治·奧斯丁沒有偽裝 —— 他本身就是那樣的人。而且這是一個更佳的方法，因為沒有人會欺騙自己的孩子 —— 他們接受了他「精準合身」的教育方式，而不管其他人有沒有這樣做過。唯一能贏得並保持孩

---

[216] 《李爾王》(*King Lear*) 是莎士比亞四大悲劇之一。剛愎自用的老國王李爾年邁體衰，決定把國土分給三個女兒，他要根據女兒們所表達的愛來分配每人所得的一份。他的兩個大女兒使用甜言蜜語，騙取了父親的歡心，小女兒實話實說惹惱了老國王，結果她被趕走，還被剝奪了屬於她的那份國土。然而趕走小女兒之後李爾王才發現另外兩個女兒的真面目，悔恨交加的他流落荒郊野嶺。後來小女兒考狄利婭率軍隊來打自己的姐姐，見到了父親，李爾又變成了李爾王。

[217] 哈佛大學雷德克利夫學院 (Radcliffe college) 的前身，在當時特別為女性教授課程。

子（或者大人）的愛的方法就是坦白、簡單和誠實。這些方案我都試過。

我沒聽喬治‧奧斯丁說過他只是塵土中的一隻小蟲子，或是裝作比他本身多些什麼或少些什麼，假設出他不具備的知識。他常常說：「親愛的，我真的不知道。不過讓我們開著窗戶，光線才可以照進來。」

這是一個由簡單平常的人所組成的繁忙的家庭 —— 並不十分富有，也不很貧窮。他們共同面對困難，共同承擔煩惱，共同分享快樂。

珍‧奧斯丁出生於西元 1775 年，「簡‧愛」[218] 出生於西元 1816 年 —— 珍‧奧斯丁去世的前一年。

夏綠蒂‧勃朗特知道關於珍‧奧斯丁的一切，她的所作所為點燃了夏綠蒂的激情。她們兩個都是鄉村牧師的女兒。夏綠蒂生活在英格蘭北部荒蠻少樹的沼地，那裡有遊弋的風敲擊著窗戶，有讓人憐惜的咩咩叫的黑臉綿羊。珍‧奧斯丁生活在富饒寧靜的鄉村農莊，那裡有蜜蜂釀蜜，有百靈鳥安家。派翠克‧勃朗特牧師教養他的孩子們，喬治‧奧斯丁也熱衷於此。在史蒂文頓沒有「黑公牛」，只有一個「沒有角」的小酒館，一個養金絲雀的女人照看這家酒館，她會賣一個好歌手給你，只要 5 先令，籠子免費。在史蒂文頓沒有好鬥的紅頭髮約克郡人來挑戰你的酒量。

---

[218]　這裡指夏綠蒂‧勃朗特。

事物的對立面是相似的，這就是為什麼世界把「簡·愛」與珍·奧斯丁歸為一類。她們工作的方式截然不同，她們的影響力也各有千秋。夏綠蒂·勃朗特用扣人心弦的情節和讓人痴迷的跳躍閃動的繽紛光線，營造著痛苦、不安和悲劇的氣氛。她總是能讓你脈搏急跳，體溫攀升。

　　珍·奧斯丁不是這樣的。她是一個溫和的藝術家，現在的世界越來越清楚地意識到這一點。如今的舞臺劇用她的方式展示魅力 —— 沒有咆哮、假話或浮誇。隨著時光的流逝，這種趨勢將越來越明顯，因為人類的臉已經轉向了真實。

　　從平凡的事件中編織出你的文字，用日常的原料煉製出一劑迷藥才是高超的藝術。吉卜林讓三個普通士兵站成一排，三個無知的、說謊的、混戰的士兵，他們甚至有時還會逃跑，透過講述他們的故事來描述世界 —— 那就是藝術！在這三個士兵身上我們看到了很多與我們自己相似的地方，因為與自己無關的事情不會吸引我們 —— 我們無法拋開個人因素。這個事實在《黑騎士》[219]中顯而易見，當魔鬼們在托非特地獄狂舞時，看見史蒂芬·克萊恩，他們向他如此致意：「兄弟！」

　　珍·奧斯丁所描寫的角色都是普通人。她的作品始終平靜，沒有糾纏的境遇，沒有神祕的事物，沒有突發的意外。

　　表現一個場面、一種情緒來抓住其他人的注意力，在很大程度上是一種技巧 —— 你需要訓練某種能力直到能做得很出

---

[219]　美國著名文學家史蒂芬·克萊恩（Stephen Crane, 1871-1900）的詩作。

色。但是一個做這種事的人在本質上並不比一個欣賞它的人更偉大——事實上，他們都是由相同材料構成的。吉卜林是一個相當平凡的人，既不英俊也不迷人。他簡單又果敢，可以適應任何地方。如果有一個大箱子需要被運到樓上，或是一頭公牛要逃脫出陷阱，吉卜林又碰巧在旁邊的話，你就可以找他，他會幫你搭把手，然後將手插進口袋裡，繼續吹他的口哨。他的藝術是一種給予他人方便的嫻熟的技巧。

珍·奧斯丁是一個平凡的人。她打掃、縫紉、工作，完成手邊的事情。她寫作因為她喜歡，而且因為那能帶給其他人歡樂。她只是盡其所能地寫作。她沒有想過不朽的名聲，也不會為了歲月而寫——但她沒有像莎士比亞那樣寫了那麼多年。她從未期待過騷塞、柯勒律治、蘭姆、基佐[220]、麥考利[221]會為她歡呼，稱她為有洞察力的奇蹟，也沒想到一個像喬治·艾略特那樣偉大的女人會宣稱她的作品沒有瑕疵。

今天的人們公認她的書卓爾不群，因為它們在所有的事中都展現了神聖，但又緊貼著大地，溫和地灌輸著那堅定的信念——普通人和偉人一樣不可缺少，小事情不見得就不重要，沒有什麼是真正毫無意義的。它非常真實。

所以我為平凡的女人高歌——那做自己的工作的女人，那

---

[220] 法蘭索瓦·皮耶·基佐 (François Pierre Guizot, 1787-1874)，法國政治家、歷史學家，法蘭西學院院士。
[221] 托馬斯·巴賓頓·麥考利 (Thomas Babington Macaulay, 1800-1859)，英國歷史學家、政治家。

甘於默默無聞的女人，那謙虛優雅、自然純樸的女人，那努力減少世間痛苦、為世界增添歡樂的女人。她是人類真正的守護天使！

珍·奧斯丁生前沒有出版過一本封面上印有自己名字的書。她從來沒有被社會奉為名人，從未離開家超過兩百英里。她在42歲的時候死了，而60年後才有傳記作者探求她的身世。她安睡在溫徹斯特的大教堂。不久以前，有一個遊客請求教堂管理員讓他看看她的墓，他被領到那裡，管理員問道：「她是個很特別的人嗎？你知道有那麼多的人問我她埋在哪裡！」

但是現在這一切都變了，因為當教堂管理員帶我去她的墓地時，我們站在樸素的黑色大理石板前，他口齒伶俐地說起她的人生和作品。如今許多遊客都會去那個大教堂，只是因為那裡是珍·奧斯丁的休憩之所。她擁有一個美麗又有意義的人生，她創作出了偉大的藝術作品。然而對於這一點，她自己卻還不知道。

第十二章
約瑟芬皇后
EMPRESS JOSEPHINE

　　你已經在我家見過波拿巴將軍了。就是他給亞歷山大·德·博阿爾內[222]的遺子們提供了一個父親般的場所，也為他的遺孀提供了一個丈夫般的場所。我崇敬將軍的勇氣和他的見多識廣，對所有的一切他都能侃侃而談，我也崇敬他敏銳的判斷力，這讓他在別人開口之前就猜透了他們的想法。不過，我承認，我畏懼他的專制。他游移的目光中有一種獨特的無法言喻的東西，甚至會施壓於我們的執政官們，它又怎能不脅迫一個女人呢？甚至，那種我應該為之感到高興的激情力量——他表露無遺的不容置疑的真摯，常常讓我把將要說出口的贊成又咽了回去。

　　　　　　　　　　　——《約瑟芬書信集》

[222]　亞歷山大·德·博阿爾內（Alexander de Beauharnais, 1760-1794），約瑟芬的前夫，法國軍人，他在美國獨立戰爭中與羅尚博的部隊戰鬥，後來又在法國參加了同法國革命軍的戰爭，在恐怖時代他被送上了斷頭臺。

那是一種偉大的生活，親愛的，一種偉大的生活！查爾斯‧蘭姆曾學習數學來壓制他的天賦，那我就不得不為事實染上一層淡淡的灰色，為了不使這篇小文章看起來像是一個紅色魯里塔尼亞王國[223]的浪漫故事。

　　約瑟芬出生在加勒比海的一個小島上，距離法國很遙遠。那位「小個頭男人」也是一個「島民」[224]。他們差不多是在同一時期去的法國，不過是從不同的方向——當然，他們完全不知道另一個人的存在。他們遵循了那個愛開玩笑的人——「命運」的命令，動身前去歐洲政壇分一杯羹，重新安排這個世界的布局。約瑟芬的父親是塔契上尉。你知道塔契上尉是什麼人嗎？很好，既然誰也不知道，那就可以滿足了。他似乎沒有祖先，而他的後代只有約瑟芬。

　　我們對約瑟芬的母親比對她的父親了解得更少。她的父親是一個既無金錢又無勇氣的法國人，他搬往西印度群島過著單調的生活，念念不忘塵世雄心的虛無。西元 1762 年，年輕的塔契上尉娶了這個殖民者的女兒。第二年，他們的女兒出世了，他們幫她取名叫約瑟芬。

　　在她出生後不久，為了能有更好的前程，塔契上尉搬往了鄰近的一個島，他妻子也隨他一起去了，他們把小女孩託付給了一個善良的老姑姑，計劃等到他們發了財，至少在這個世界

[223]　也稱浪漫國，是一個虛構的中歐王國。
[224]　拿破崙西元 1769 年 8 月 15 日出生在地中海法屬的科西嘉島。

站穩了腳就來接她。

他們再也沒有回來，因為他們死了，被深埋在地下。

約瑟芬對她的父母沒有任何印象。姑姑是一個溫柔和善的女人，生活過得簡單又輕鬆。在那裡有充足的食物，而衣服並不是必需的，因為赤道就在一箭之地以外。實際上，從屋裡就能看到它，約瑟芬自己這麼說過。

附近有一所天主教堂，但是沒有學校。不過約瑟芬仍然學習閱讀和寫作。她和黑人們一起唱歌、跳舞、游泳、玩跳馬遊戲。當她 9 歲時，姑姑告訴她不要再玩跳馬遊戲了，她應該學刺繡、彈豎琴、讀詩歌，這樣她才能長大，變成一位迷人的女士。

約瑟芬覺得那樣有些辛苦，不過她說自己願意試試。

她很高很苗條，但不是十分漂亮。她的面色有些偏黃，她的手很精瘦。不過時光把她鍍上了優雅，即使她的外觀不是很漂亮，她也擁有更好的東西 —— 溫和的嗓音。而且我知道，從來沒有人幫她上過嗓音文化課。嗓音或許是靈魂的真正索引。約瑟芬的嗓音很低，也很悅耳，她將它調試得十分動聽。當她說話時，其他人都會安靜下來聽 —— 不是聽她說的話，只是聽那嗓音。

有時，一些遊客來到這個島上，他們會住在約瑟芬姑姑的寓所裡。從他們身上，這個女孩了解到了外面廣闊世界的政

治、社會、衝突和抗爭。當遊客離開時，約瑟芬已經學到了他們所知道的一切。因此儘管沒有學校和書本，這個年輕的女孩也變得博學而充滿智慧。在那值得紀念的西元 1776 年[225]之後的一年，亞歷山大·博阿爾內子爵來到了這個島上。他從美國來，在那裡他曾站在殖民者一邊，反對英國。他有著共和黨的原則。有些荒謬的是，他也很富有、散漫，有一點像冒險家。

他拜訪了老姑姑勒諾丹夫人家，而且很頻繁。他狂熱地愛上了約瑟芬。我用「狂熱地」這個詞，因為他是這樣的男人。他30 歲，她 15 歲。他的嗓音粗啞而且喉音很重，因此我想他沒有內在的優雅。約瑟芬發自內心地不願意接受他的追求。她告訴他自己已經和別人訂婚了，那是一個和她年齡相仿、思想和感情也合得來的鄰居少年。

博阿爾內認為這對他算不了什麼，他向長輩們求助，他展示了自己的頭銜，遞上了他的財產清單，於是長輩們同意介入這件事。他們對約瑟芬說，她不應該再堅持下去違背他們的意願，他們曾為她付出了那麼多。

因此約瑟芬讓步了，他們結婚了，但不能說他們從那以後就真的永遠幸福地生活在了一起。他們啟程去法國度蜜月，6 個星期後到了巴黎。歸國的士兵和著名的旅行者都會受到社交界的熱烈歡迎，尤其是對於從赤道帶回來一個克里奧爾[226]妻子的

---

[225]　美國於西元 1776 年宣布獨立。
[226]　在美國路易斯安那州出生的法國後裔。

旅行者。這對新婚夫婦帶來了新的刺激，巴黎的社交界永遠渴望著新的刺激。

博阿爾內子爵和他的妻子掀起了軒然大波。人們期盼的這位克里奧爾女士應該是美麗而沒有頭腦的，但是雖然她並不是十分美麗，但卻非常聰明。她和文雅的社交界一拍即合，完全融入了其中。

一年後，家庭生活微微地驚動了社交界的生活 —— 一個男孩降生了，他們給他取名叫歐仁。

又過了兩年，一個女兒出世了。他們給她取名叫奧坦絲。

約瑟芬只有 20 歲，但是母性以及在熱帶生活的經歷和對於社會的體驗為她的生命增添了成熟的氣質。她變得細心體貼，更願意和她的孩子們待在家中，而不是去追逐時髦的彩蝶。

博阿爾內去追逐時髦的彩蝶了，並且抓到了牠們，因為他回家很晚，還經常和妻子爭吵 —— 一個顯然的徵兆。

他喝一點酒，賭很多錢，尋找刺激，還在地下咖啡館裡高聲談論政治。

那些可悲地放縱他們的婚姻關係的男人，非常喜歡用猜疑來關照他們的妻子。如果把博阿爾內放在天平上秤一秤，就會發現他的風流成性。他對約瑟芬提出控訴，要和她離婚。

約瑟芬整理了一些少得可憐的財物，帶著她的兩個孩子動身去了西印度群島的老家。他們在路上就耗盡了所有的錢。

這是很古老很古老的故事——在大都市過上幾年燈紅酒綠的生活，後來不堪忍受殘酷的現實，含著淚水、咬著蒼白的嘴唇、下定決心回到老農場，那裡有家人忠誠的心在守候，還有張開的臂膀迎接悲傷又高興的回歸。

　　博阿爾內的離婚計畫並沒有成功。法院給出的理由是「沒有起因」。他驚醒了，愚蠢地凝視著四周，覺得在這個時候他需要得到同情，於是他開始尋找約瑟芬。

　　她已經走了。

　　他嘗試苦艾酒、賭博、瘋狂放縱，但是他無法忘卻。他送出了他的糧倉和庫房，驅散了他財富的權杖和內心的渴望。有兩條路通向平和——只有兩條：一把上膛的手槍和把她找回來。

　　他會先盡力把她找回來，並把手槍握在手裡以防失敗。

　　約瑟芬原諒了他，她回來了。因為一個好女人總是會寬恕別人。

　　博阿爾內帶著一個愛人所有的柔情蜜意迎接了她，並再一次舉行了神聖的婚禮儀式。他們帶著兩個孩子引退到鄉下，在那裡約瑟芬度過了生命中最幸福的三個月——至少她是這麼說的，事實上，在其他一些場合她也這麼說過，所以不必質疑她的真誠。後來他們又搬回了巴黎。

　　博阿爾內冷靜了下來，過起了正常人的生活。他是一個受僱於國王的軍人，但是他一直同情民眾。他是一個有點保王

黨傾向的共和黨，不過也有人說他是一個有點共和黨傾向的保王黨。

約瑟芬照看家庭、教育孩子，並做很多慈善工作，她也知道美國正在發生的一切。

那是一個動盪的年代，謀殺在光天化日之下進行，革命隨處可見。十萬女人組成的人群去凡爾賽宮遊行，把國王押回巴黎。他被砍了頭，接著是瑪麗·安東妮。人民擁有權力，博阿爾內努力緩和他們的怒火是有道理的。他甚至是第三次大會的主席。他自稱為公民，但人們都記得他的貴族出身。西元 1793 年 9 月，三個人到他家裡把他帶走。約瑟芬透過窗戶向外看見，在蒼白的月光下站著一列僵直不動的士兵。

她知道時候就要到了。他們押著公民博阿爾內去往盧森堡。

幾個月後，他們又回來找他的妻子。他們把她關進卡默利特女修道院 —— 幾個月前，一群人殺死了那裡所有的負責人並跟守夜人換了班。

羅伯斯比[227]是至高無上的，透過廢黜丹東[228]，他現在掌權了。丹東是革命的導火線，不過當他在乾草堆前掏出火柴時，他真的沒打算燃起一場大火，他只是想燃起一堆篝火。

他試著抑制火焰，但羅伯斯比說他是個叛國者，將他送上

---

[227] 馬克西米連·羅伯斯比（Maximilien Robespierre, 1758-1794），法國革命家，18 世紀法國大革命時期重要的領袖人物，是雅各賓派政府的實際首腦之一。

[228] 喬治·雅克·丹東（Georges Jacques Danton, 1759-1794），法國大革命的領袖人物，也是雅各賓派的主要領導人之一。

了斷頭臺。羅伯斯比讓斷頭臺工作到軸承都發熱了。儘管如此，裝在死囚押送車裡的人們看上去並不十分痛苦。巨大的絕望將人們推向了輪迴的另一端 —— 和平，一種和安全相似的和平。這是最後的舞臺 —— 希望逝去了，但是永恆的安息和英勇的死亡這樣鼓舞人心的念頭代替了它。

當約瑟芬在卡默利特女修道院時，她收到了一個從盧森堡監獄寄來的包裹，裡面裝著她丈夫的一縷頭髮，她知道那是從劊子手手中得來的。

此時的卡默利特監獄不幸變得更加擁擠。事實上，它都快被填滿了。5 個女人共用一間小牢房。和約瑟芬同室的女人裡有一個費特納夫人。費特納夫人被公民塔連深愛著，他是羅伯斯比主持的議會中的成員。公民塔連無法公開說出他對夫人的愛，因為夫人碰巧是別人的妻子。所以羅伯斯比又怎能知道當他監禁夫人時，他在觸碰那根將他朋友塔連綁在地球上的最纖細的線呢？

羅伯斯比對卡默利特監獄發話說費特納夫人和博阿爾內夫人應該做好準備赴死了 —— 她們是密謀反對人民的罪犯。

塔連每天都會到卡默利特監獄去，當然不是去參觀，他是去看那些被拘禁的犯人們。一片高麗菜葉從牢房窗戶裡扔了出來，塔連在它的根部發現一張紙條，那是他至愛的女士寫的，大意是：「我兩天後就要被處死了，想要救我，你就必須推翻羅伯斯比。」

第二天，大會上起了紛爭。塔連站上了講壇，用卡修斯[229]的嗓音斥責羅伯斯比是叛國者、人民的大敵、自我的陰謀者。為了烘托他的言論，他揮舞著一把閃閃發光的短劍。其他的演說也像血流一樣相繼爆發。所有羅伯斯比頒布的法令都在贊同聲中被廢除。兩天後，羅伯斯比服下了一劑他常常開給別人吃的藥。西元 1794 年 7 月 15 日，他被參孫[230]——他自己的僕人砍了頭。

所有在他的教唆下被關押起來的嫌疑犯們都立即被釋放了。

費特納夫人和博阿爾內的遺孀是自由人了。不久後這位費特納夫人就變成了塔連夫人。約瑟芬把孩子們從鄉下接回來，但是她的財產都沒了，處於悲痛的困境中。不過她還有朋友，然而沒有人能像塔連和他妻子那樣忠心地給她幫助。他們的家就是她的。正是在那裡她遇見了一個叫巴拉斯[231]的人，還有他的一個朋友，他的名字是波拿巴——拿破崙·波拿巴。波拿巴26歲，身高5英尺2英寸[232]，體重120磅[233]。他沒有什麼鬍鬚，看起來像個男孩，那會他的臉上散發著激情的光芒。

---

[229] 參與暗殺凱撒的刺客之一。

[230] 《聖經士師記》中的一位猶太人士師，生於前 11 世紀的以色列，瑪挪亞的兒子。參孫以用上帝所賜的極大的力氣，徒手擊殺雄獅並隻身與以色列的外敵非利士人爭戰周旋而著名。這裡指劊子手。

[231] 保羅·巴拉斯 (Paul Barras, 1755-1820)，法國大革命時期的風雲人物。曾在土倫屠殺過保王黨人，後又參加西元 1794 年的熱月政變，在督政府擔任督政。約瑟芬在嫁給拿破崙之前曾一度與其交往甚密。也是他發現和舉薦了拿破崙。

[232] 約 159 公分。

[233] 約 54 公斤。

雖然在失業中等待轉機，他的舉止仍然非常自鳴得意。

他傾聽談話的方式很奇特──聽取一切卻什麼也不說，這使別人很不自在。約瑟芬，比他大7歲，她不怎麼喜歡這個年輕人。和他相比，她有更豐富的閱歷，也有更好的教養，她讓他明白了這一點，不過他似乎並不感到窘迫。

法國大革命的具體情形到底什麼樣的，還沒有人確切地告訴過我們。翻來覆去地讀「卡萊爾[234]」，他的描寫宏大又壯麗。他讓你頭暈目眩地陶醉在英雄事蹟中，卻沒有解釋那場革命。

猜忌、仇恨、專政、恐懼、催人淚下的感傷以及瘋狂的熱望都無處不在。一個領導者會因為他什麼都沒做而被廢黜，而他的接班人會因為他做了太多而被送上斷頭臺。大會一個接著一個地解散、重組。

西元1795年10月4日，4萬巴黎民眾發出了一聲嚎叫、一聲怒吼和一聲嘶喊。

沒人知道他們到底想要什麼──4萬民眾沒有告訴我們。或許他們什麼都不要，只有領導人想得到權力。他們要求解散大會。一些人必須要被踢出，而讓另一些人進去。

大會緊急召開了，所有的成員都看了看自己的腦袋是不是

---

[234] 湯瑪斯·卡萊爾著有《法國大革命史》(*The French Revolution: A History*)、《論歷史上的英雄、英雄崇拜和英雄業績》(*On Heroes, Hero-Worship and the Heroic in History*) 等書。

還在原來的位置上 —— 明天也許就不在了。房間擁擠得讓人喘不過氣來。旁觀的群眾們擠滿了視窗，有的坐在走廊的欄杆上，有的爬到了柱子上。

在其中一根柱子的頂端坐著那個年輕人波拿巴，他沉默又冷靜，依舊在等待著時機。

巴拉斯被召喚來。他曾經成功地和起義者們談判過——現在他必須再做一次。巴拉斯臉色發青，因為他知道要成功地應對這些民眾，就必須表現得又聾又瞎，裝可憐。他艱難地邁動雙腳，無望地看了看四周。大會正靜悄悄地等待著它的救星發話。

巴拉斯發現了蜷坐在一根柱子上的炮兵畢業生[235]，他看到的這個人有一張青銅色的臉龐，在土倫分配過炮彈和炮筒[236]。巴拉斯抬起他的手，指向那位年輕的軍官叫喊著：「那裡，那個人可以救你們！」

大會在歡呼聲中任命這個小個頭男人為城市護衛軍的指揮官。他從他的棲身處滑了下來，用了半個小時來探知士兵們是否和民眾站在一邊——因為那常常是一半幾率的事，然後他決定接受委任。第二天，民眾們以自由、博愛、平等的名義包圍了杜樂麗宮。這些「恐怖分子」請求士兵們扔下他們的武器，然

---

[235]　拿破崙 15 歲進入巴黎軍官學校，專攻炮兵學，只用一年的時間就考取了別人用 3 年才能取得的軍官資格，被任命為皇家炮兵少尉。

[236]　西元 1793 年，拿破崙帶兵攻下了保王黨的堡壘土倫，被破格提拔為準將。

後他們謾罵、哄騙、詛咒、歌唱，女人們像往常一樣衝在最前面。巴黎意識到了起義者們的神聖權利。誰敢向著如此龐大的一群人開槍！

年輕的炮兵畢業生敢。他下達命令，紅色的死亡席捲了城市，炮彈摧毀了牆壁，在人們集中的聖羅切教堂的窗戶上呼嘯而過。他一次接一次地開火，從 4 點開始，到 6 點的時候無論好人還是壞人都退縮回了家裡，巴黎變得遵紀守法了。大會任命拿破崙為內防軍司令，法國大革命從那一刻開始具有它的意義了。

理所當然地，在巴黎，人們談論得最多的就是這位年輕的炮兵軍官。約瑟芬也因為和他見過面而感到有一點驕傲，可能還有一點遺憾，因為她曾經對他有些冷淡。如果她當時有些禮貌就好了！約瑟芬是一個真誠的人，不過她更是一個女人。她渴望被人記住，渴望被有權勢的男人記住。她的兒子歐仁那時 15 歲，她對他抱有很大的期望。到最後她明白了和有權勢的人保持關係的必要性。約瑟芬是一個政客，也是個有手腕的女人 —— 所有的女人都是有手腕的人。她幫歐仁穿上了最好的衣服，告訴他去見內防軍司令官，對他說他的名字是歐仁·博阿爾內，他父親是愛國烈士博阿爾內將軍，他的慈父的佩劍在檔案存放處，而天意安排了內防軍司令看管那裡。而且，兒子還要把父親的佩劍帶回來，在需要時或許可以用它來保衛法國。

一切都被安排得很妥當。

整件事被弄得有點過分誇張，拿破崙笑了。戰爭的詩意對

他來說是個笑話。不過他摸了摸少年的捲髮，詢問了他的母親，並命令祕書把佩劍取來。

於是男孩高高興興地把佩劍帶回了家，他的母親也非常高興並為他感到驕傲，她吻了他的雙頰，又吻了那把佩劍，想起了曾經帶著它的那個走入歧途不過還算慷慨大方的男人。然後又想到這對她是合情合理的 —— 去感謝奉還佩劍的人。難道他沒有摸著她兒子的捲髮稱讚他是一個不錯的年輕人？難道他沒有問起他的母親嗎？

這樣，第二天她就去拜訪了那個通情達理歸還佩劍的男人。她在前廳裡等了一小會，因為拿破崙永遠都會讓人等他 —— 這是一個不錯的計謀。當被准許接見時，身著便裝的內防軍司令官根本就不記得她了。他也不記得歸還佩劍的事 —— 至少他是這麼說的。儘管他對待女人總是一副不屑的態度，不過看著這個憂傷的少婦摘下面紗向他解釋也是件美好的事！她不是也整了他好幾次嗎？

於是她開始解釋，他漸漸地回想起來了 —— 在反覆詢問下非常緩慢地回想起來，然後他說他很高興見到她。當她離開時，他摘下帽子把她送到外面的大門口，在他們穿過長廊時，她注意到他比自己矮 3 英寸。告別時，他握了握她的手，說在不是很忙的時候，他願意去拜訪她。

約瑟芬心懷喜悅地回了家。她不喜歡那個男人 —— 他需要她解釋自己是誰，這讓她覺得很丟臉，他的舉止也有一些令人

不悅的熟悉。然而他是個有權勢的人，這無可否認，結識有權勢的男人對任何女人來說都是一種滿足。他比被哀悼的博阿爾內年輕 20 歲 —— 整整 20 歲！博阿爾內身材高大，有美觀的鬍鬚，帶著搖晃的佩劍。博阿爾內出身名門，受過良好的教育，有豐富的閱歷，但是他死了。而這是一個沒有什麼鬍鬚的、被稱為「法蘭西首席公民」的男孩。不錯，不錯，不錯！

　　她感到既高興又受傷 —— 受傷是因為想到自己表現得很卑賤，高興是因為想到自己得到了如此多的關心作為補償。幾天後，年輕的司令官就來探望這個寡婦了，他希望她能原諒自己先前沒有認出她來。這是他非常愚蠢的地方！她原諒了他。

　　他用豐富的詞彙簡短地讚揚了歐仁，然後親吻了奧坦絲，她 13 歲，認為自己足夠大可以讓一個大人物親吻。拿破崙說他們就像是老朋友，像是他常常拜訪的老朋友。

　　約瑟芬十分熟悉巴黎和巴黎的社交界。15 年來，和政客、士兵、外交官、藝術家、文學家們成功或失敗的親密交往教會了她很多。她也許是巴黎最有天分的女人了。拿破崙像約瑟芬那樣，像所有女人那樣，像天才必須要做的那樣，也學到了這些，因為生命是短暫的 —— 只有愚蠢的人才會在牛津花上 8 年時間。他像大章魚掠食一般從約瑟芬身上汲取著養分。想得到一個出色的女人所有的想法和感覺，就必須贏得她全部的愛。在這種親密接觸中她放棄了一切，不像撒非喇那樣，什麼回報都沒有得到。

處在受過良好教育的人們 —— 有教養有文化的人們之中，拿破崙覺得有些不安。有這個女人在他左右，無論在哪裡，他都感覺像在家裡一樣自如。他立刻意識到，只有靠光榮的婚姻才能贏得她，他決定和她結婚。

　　他是個野心勃勃的人，這一點以前被提到過嗎？好吧，一個人不會永遠像最初那樣 —— 我想事實證實了這個觀點。

　　約瑟芬也是野心勃勃的，不過在某種意義上，在這個合夥關係中，她覺得自己將會比他投入更多的資金成本，她有些躊躇不決。

　　但是權力賦予了這個小個頭男人尊貴，他的臉帶著大理石般冷酷的美。約瑟芬很清楚他日益增長的權力，還有他不可抗拒的固執。一天夜裡，他突然來訪，他的行為說明了一切。他把她摟在懷裡，非常溫柔地吻著她，在她的耳邊說：「親愛的，我們在一起就會勝利。」然後就離去了。只要他願意，拿破崙會是一個完美的愛人。他有良好的自制力，還有一點點的厚顏，那是女人們所欣賞的。他永遠不會讓愛乏味，也不會讓他所愛之人感到不安。他不會讓她餓死，儘管有些時候她會感到飢餓。

　　然而，事實上，約瑟芬嫁給這個男人是為了擺脫他，不過這是女人們始終在做的事情。

　　結婚典禮由一個治安法官主持，在西元 1796 年 3 月 9 日舉行。這離新娘去拜訪新郎，感謝他歸還她前夫的佩劍只有 5 個月，離她前夫去世也只有 15 個月。那時拿破崙二 27 歲，約瑟

芬 33 歲，不過新郎發誓說他 28 歲，而那位女士 29 歲。身為一個捏造事實者，他贏得了我們的欽佩。

　　結婚後的第 12 天，拿破崙就作為軍隊總司令出發去了義大利。追溯那年的輝煌征戰 —— 法蘭西的三色旗從比斯開灣飄揚到亞得里亞海 —— 和我無關。這足以使「波拿巴」這個名字和有史以來第一流的軍事家們的名字相提並論。在無休無止的嚴酷戰爭和成功的魅惑中，他沒有一天忘記過他的約瑟芬。他的信中迸發著一個年輕情人的愛意，他心中所有愛的渴望都是她的。他也透過她了解了巴黎的脈搏和溫度 —— 它的形態和壓力。

　　在他們分開一年後，她去了米蘭，在那裡與他相見。他們在距離城市 6 英里的蒙特貝洛，一個美麗的鄉間長椅上坐下。他在那裡進行和平談判，而她主持著古老首都的五光十色的社交圈。「我贏得了地域，妳贏得了心。」拿破崙說。這是一個非常拿破崙式的評論。

　　拿破崙已經將歐仁帶在身邊了，他們一起見證了戰役的榮耀。現在奧坦絲也被送來了，他們都是拿破崙收養的孩子。這段日子裡充滿了陽光、成功、溫暖和關愛。

　　拿破崙攜他的家庭在爆發的歡呼聲中回到了法國，他在各處被譽為「國家的拯救者」、「護國公」等等。國內的紛爭和異國的敵人們都隨著戰爭的煙霧一同散去。到處都是一片繁榮的景象，征戰的碩果讓每個人都心滿意足。而那些不滿意的人早已

被編入軍隊死於戰鬥，或者也在凱旋中興高采烈地酩酊大醉。

拿破崙成功地結下了緊密的聯盟，並為他們提供支持——他等待著時機。他用嫉妒的目光凝視著英吉利海峽的另一側。約瑟芬嘗過成功也熟識失敗，拿破崙只嘗過成功的滋味。她懇求他滿足地休息，把握好他已經獲得的成就。「成功在它的本性上一定是有限制的。」她對他說。他笑了笑，並沒有聽進去。她第一次感覺到自己對他的影響正在衰退。她付出了她的所有，他貪婪地汲取，而現在他變得只相信自己了。他告訴她必要時他可以沒有她——他自己把持著所有權力。然後他帶著假意地殷勤地吻了她的手，他將她送到門口，好像他就要獨身了一樣。

當拿破崙準備進攻埃及時，約瑟芬請求和他同去，很多女人都去了。她們把那看作是一次野餐聚會。但是拿破崙強調說相隔兩地會使心靈更有愛意，他的妻子應該留在後方。

身為這樣一個男人的妻子，約瑟芬太偉大了。她看穿了他。她了解他，只有誠實的人才願意被了解。他厭倦了她，因為她不再慰藉他的空虛。他已經俘獲了她，現在他用盡了她。此外，她站在和平那一邊，這是他無法忍受的。然而他不會用棍子打她，他極盡和藹地對待她，把她安置在美麗的瑪爾邁松莊園，為她提供一切以使她開心。如果「東西」可以讓一個人開心的話，她一定體會過了。

至於埃及戰役，的確是一次野餐聚會，或者說直到事態日

益嚴重，嬉鬧才會被恐懼所替代。你不能嬉鬧著像生氣的豪豬立起剛毛一樣豎起你的頭髮。拿破崙不寫信給他的妻子，他就是在嬉鬧。他的祕書偶爾會寄一封帶著指令的官方信給她。最後她寫信要他為冷淡的沉默做出解釋時，小個頭男人用不忠的指控來答覆她。

約瑟芬決定離婚，她有不錯的證據，文書也準備好了。如果事情繼續發展下去，法庭應該已經當即准許離婚了。然而，文書被毀掉了，約瑟芬決定放棄了。但是拿破崙已經得知了這個離婚訴訟提議，他大發雷霆。他打算回來時立即合法分居——無論如何也要分開。

他回來了，整整三天他都態度傲慢，稱她為「夫人」，甚至拒絕和她握手。三天後，他跪著把頭伏在她的腿上，哭泣著請求和好。那不是真正的謙卑，只是在放縱之後的謙卑。拿破崙很衝動，但是他的天性是自私的，對其他人的權利和希望都漠不關心。他並不記仇，一想到是約瑟芬先提出的離婚，他就會感到沒那麼痛苦。「我遵從她的意見。」有一次他對伯特倫這樣說，好像這件事刺痛了他似的。

於是事態繼續發展。總是有戰爭及關於戰爭的傳言，不過總是被征服的一方支付費用。人們認為法國最好由三個執政官一同治理。三個人被選出了，由拿破崙當第一執政官，第一執政官又收買了第二和第三執政官，把他們變成了兩個傀儡。

約瑟芬為法蘭西的榮耀和她的丈夫工作——她是一個外交

官和顧問。她安撫敵人，帶來朋友。

　　法國變得繁榮昌盛，戰爭中失敗方通常不只要付出經費，而且還要交出貢品。沒有什麼比戰爭能更好地為家園帶來和平。一個國內的起義者在國外會成為一名優秀的戰士。拿破崙的戰役靠著「危險階級」贏得勝利。第一執政官實際上就是皇帝，他搖身一變換了稱號。他的妻子成為了皇后。這無可非議，有一絲的不贊成就會毀掉整個計畫。約瑟芬被人民愛戴，人們知道是她的丈夫使她榮耀。靠著女人的直覺，約瑟芬看見了結局——權力在增長，終會崩塌。她祈求大浪帶走她，但這並沒有奏效。去哪裡呢？她不停地問。

　　這期間，奧坦絲嫁給了路易士——拿破崙的弟弟。拿破崙順其自然地成為了祖父，這讓他喜憂參半。他認為自己是一個年輕人，會因為偶爾被人誤認為新兵而感到驕傲，可這時有些報紙已經稱他為「爺爺」了，人們都大笑！他甚至不是一個父親，他只是法律意義上的父親，而不是生物學上的父親——那根本就不算是父親，因為自然並不認可法律。他和約瑟芬開玩笑說起這件事，她的臉色變得煞白。

　　人們在做某些事情時，會百般地自我欺騙，來掩蓋他們的真正動機，在婚姻上也是如此。他們的行為也許是好的，但是他們給出的做事原因卻從不是這樣。拿破崙想要一個新的妻子，因為他希望有一個兒子來創建王朝。

　　「你有歐仁！」約瑟芬說。

「他只是我的代理兒子。」拿破崙露出疲倦的笑容說。

所有的動機，就像礦石一樣，是混合體。如果我們把整個動機按一百成來算，排除了情慾因素，拿破崙對兒子的渴望應該只占一成 —— 其他的原因占九成。所有的男人都希望別人認為自己年輕。拿破崙 40 歲了，他的妻子 47 歲。塔列朗稱他們是「老拿破崙先生和夫人」。

一個 40 歲的男人只是一個輕率的青年 —— 按照他自己的話說。20 歲的女孩們是他的玩伴。一個 60 歲的男人，有一個 40 歲的懷孕的妻子，他並不老 —— 好傢伙！不過假設他的妻子將近 70 歲，那將會是怎樣的？拿破崙必須有一個年輕的妻子。如果娶了瑪麗·路易絲，奧地利就會變成朋友，這麼做是非常必要的。奧地利必須是可靠的同盟國，不惜任何代價 —— 甚至這代價會是約瑟芬。這很讓人痛苦，不過一定會為法國帶來益處。每個忠心、誠實的人都應該把國家擺在第一位，其他的一切都是次要的。

就這樣，約瑟芬離了婚，不過她得到了一筆不可思議的巨額年金，總計超過一年 50 萬美元。我曾經認識一個男人，他在凌晨兩點從俱樂部回到家，因為這樣的惡劣行為受到了妻子的責備。他當即把那位女士扔出了欄杆。第二天他買了一條鑽石項鍊送給她，這花費了他一年的薪水，但是她整整一個月都不能戴著它出席社交場合，因為她的眼睛一直發青。

拿破崙與約瑟芬離婚是為了自己可以成為一系列國王的父

親。當他在西元 1815 年退位時，他宣布他與瑪麗·路易絲的兒子為「拿破崙二世、法蘭西皇帝」，世界笑了。這個兒子在成年之前就死了。拿破崙三世，荷蘭皇后奧坦絲的兒子、約瑟芬的外孫，作為法蘭西的皇帝穩定地統治了很長的時間。皇太子，一個高貴的年輕人，約瑟芬的重外孫，同曾經擊潰了拿破崙的民族作戰，死在了非洲。

約瑟芬是國王們的先親，拿破崙不是。

當拿破崙被放逐到厄爾巴島時，瑪麗·路易絲不知道去了哪裡，約瑟芬寫信給他帶去安慰，分擔了他被流放的痛苦。

在那之後不久她就死了 —— 西元 1814 年 6 月 2 日。[237]

參觀了在榮軍院 [238] 那華而不實的墓，想想建造它消耗了多少血淚和財富，去卡魯塞爾 —— 離凱旋門半小時的車程，簡樸的小村莊教堂會讓你安心，在那裡安睡著約瑟芬，法蘭西的皇后。

---

[237] 此處作者有誤，去世時間應為西元 1814 年 5 月 29 日。

[238] 路易十四西元 1676 年建造，主要用於安置立下戰功的退伍傷殘老兵。西元 1840 年 12 月 15 日，拿破崙的遺體從聖赫勒拿島運回巴黎，安置在墓堂地穴中央。四周有 12 根石柱。遺體存放在六層棺槨之中，像拿破崙生前所戴的船型軍幄。

第十二章　約瑟芬皇后 EMPRESS JOSEPHINE

第十三章
瑪麗·雪萊
MARY W. SHELLEY

雪萊，我的愛！今年有一個你從沒聽過的新名字。當春天降臨，那些你從未見過的葉子會在地面投下暗影，那些你從未見過的花朵會像星星般點綴著它，青草又將再一次生長。你的名字讓大地變得成熟勇敢，讓它為自己而驕傲。時間，緩緩地，用不知疲倦的步伐，引領它去你到達的地方。還有我，它不快樂的孩子，也更接近那一刻 —— 我將穿著塵世的衣服長眠在你的身邊，就在塞克斯提烏斯的墓下 [239]。

—— 《瑪麗·雪萊日記》

[239] 雪萊被葬在義大利羅馬的新教徒公墓，裡面有一座磚砌的金字塔式的建築物。是羅馬將軍塞克斯提烏斯的大墓。

當愛默生從華茲華斯那裡借用關於簡單生活、崇高思想的美好語句時，他沒有想到惠特曼和梭羅會接受他的建議[240]。對他們的實踐，他顯然很好奇。不過他和爽直的華特之間保持著適當的距離，至於亨利‧梭羅——天哪！愛默生把他看作是一個很好的原始人，並且也那樣告訴過他。當然，愛默生愛著孤獨，不過那是在圖書館或果園中的孤獨，而不是在草原或荒野上的孤獨。愛默生將美麗的真理視為尊敬的客人。他崇拜它，不過是心智上的崇拜。他從來沒有快樂地追隨它，也不與它交談——溫柔而舒緩地交談，除了當月亮從銀色的雲團後面鑽出一瞥，夜鶯聆聽時。他從來不會敞開自己迎接傷害。當他在哈佛神學院掀起軒然大波時，他用最精明的方式贏得了傳教士所能得到的名聲。

　　我說了「精明」——就是這個詞。

　　愛默生有著康乃狄克州[241]的本能——這是人類的一種獨特的進化結果，他們在艱險的大地上竭力生存，築起房子以對抗嚴酷的寒冬，或更嚴酷的野獸。這種美國人的精明還帶有一種微妙又宏觀的想像力，以及對人類所說所作的卓越事物的欣賞之情。不過他永遠不會愚蠢到去效仿英雄主義——他只是遠遠

---

[240]　愛默生的超驗主義對華特‧惠特曼和亨利‧梭羅都產生過重大的影響。梭羅是愛默生的學生和朋友，在愛默生的支持下，西元 1845 年 7 月 4 日梭羅開始了他的超驗主義實踐。他移居到離家鄉康科特不遠的、優美的瓦爾登湖畔的叢林裡，嘗試過一種簡單的隱居生活。梭羅所著的《湖濱散記》（*Walden*）詳細記載了他在瓦爾登湖畔兩年又兩個月的生活。

[241]　美國東北部的一個州，是超驗主義學者的活動中心。

地崇敬它。他建議別人把詩歌融入他們的生活，但是他自己卻不這麼做。他不會把嬰孩擲向岩石，也不會讓自己吮吸母狼的乳頭。他遠遠地崇敬著「廢奴制」。當他離開家時總是備著回程的票。他在論文中總結了友誼，沒有其他人這樣做過，然而他的友誼帶著一種能凝結冰柱的自我保護的冷漠態度，就像喬治·威廉·柯蒂斯說過的那樣。

他的生命和徹底的狂熱沒有關係。他的《依靠自我》（*Self-Reliance*）有力、堅韌又讓人陶醉，《工作與日子》是疲憊的人的滋補品。然而我知道，不管他那些關於住在貼近自然心臟的地方的言辭有多麼漂亮，他自己都沒有冒險進入過離家遠的、足以去狩獵的樹林。他既不會騎馬、射擊，也不會駕船航行——也從來沒有試著去學過。他所有的耕作都由別人代理完成。在晚年他寫信給卡萊爾，解釋道他透過第一抵押權所獲得的財產值四萬美元之多，但那只實現了他一半的抱負。

不過，我仍然稱他為大師，我對他的欽佩不亞於其他任何人，我在這裡引出他，只是為了將他的特性與另外一個人相比——另外一個像他一樣結過兩次婚的人。

在他的《淪愛》中，愛默生展現出的洞察力只有大學二年級學生的水準。在他的作品中，我看不出他曾受到娶過的兩個女人的絲毫影響——也沒有任何其他女人的影響。而雪萊就真真切切地受過他兩個妻子的影響。

雪萊毀掉了其中一個女人的生活。她直到死去才停止了悲

傷。當她的屍體在九曲湖[242]被發現時,他也預感到飢餓的海浪正在守候著自己。她生前的所作所為及她的死亡,讓他深深體會到了一個男人所能了解的最苦澀的悲傷,就是讓他知道,是他給了這個靈魂一記致命的重擊,而他卻對此無能為力。哈里特‧韋斯特布魯克對雪萊說:「將它一飲而盡吧。」如果他現在可以開口,他會說那劑苦藥和瑪麗‧沃斯通克拉夫特的溫柔呵護一樣有效,她用愛淹沒了他,並拜倒在了他的腳下。

在詩意的甜美、溫情、愛意以及他們天性中的美好方面,愛默生和雪萊非常地相似。如果處在相同的環境中他們會做相同的事。一個為肉體生存抗爭的家族先驅會給予雪萊忠告,而一個被國家養大卻疏於紀律的貴族,會讓愛默生把判斷力扔進風裡。

愛默生和雪萊都是那些善良、真實而美麗的人的使徒。他們兩個其中一個長眠於「沉睡谷」,他的墓前立著一塊粗鑿的大石碑,風從上面掠過,鑽入松林中哀唱著一支安魂曲。另一個的骨灰安放在「永恆城」布滿青苔的牆下,蜿蜒的藤蔓和花枝彷彿嫉妒那潔白的雕刻大理石,依偎著用葉子和花瓣將它遮蔽起來。

這兩個人都獲得了不朽的名聲,因為他們的思想在人類的思想中復生了,他們的希冀和熱望融合在一起,伴隨著在世上思考、感覺和夢想的男男女女。

---

[242] 位於倫敦的海德公園內。

是瑪麗·沃斯通克拉夫特·戈德溫喚起了雪萊奔湧而出的歌聲，世人至今還在聆聽它的曼妙音符。是她給他的靈魂插上了翅膀。他們的精神融合創造出音樂，豐富了這個世界。沒有她，他很快就會被無情的境遇毀掉。他們一起創作、歌唱。他把所有的詩句都唸給她聽，她從女性的角度加以評論。是她先寫出自己的感悟，再把它送回去。他們一起修改潤色。在他過世後，是她收集起那些散落的花葉，補上最後的詞語，帶給我們那本《雪萊詩集》。或許我們可以把所有的詩稱為雙親的孩子，對於雪萊的詩，的確如此。瑪麗·雪萊為「沃斯通克拉夫特」這個名字而高興，那是她母親的名字，難道瑪麗·沃斯通克拉夫特不是她那個時代最有才華的女人嗎？一個有志向的、強大又溫和的、有鑑賞力的、善良的女人。

瑪麗·沃斯通克拉夫特生於西元 1759 年，麻木單調的鄉村小鎮讓她感到厭倦，還是個孩子時她就去了倫敦，獨自和世界抗爭。她靠自己的努力變得博學，她掌握了所有的科學、哲學和歷史知識。她會說數種語言，並用她的筆得到了一份可靠的收入，不僅足以自食其力，而且還能照顧年老的父母和姐妹們。

瑪麗·沃斯通克拉夫特寫過一本偉大的書（這本書每個人都可以寫）──《女權辯護》（*A Vindication of the Rights of Woman*）。它囊括了所有關於這個主題的論述。像赫伯特·史賓賽的論文一樣，它從不同的角度觀察事物，預期著每一個異議，詳盡探究了女權這個主題。瑪麗·沃斯通克拉夫特的書採用了詹森

式的文體，但是它的思想為所有的後人建立了的基礎。它是女性會所，是當今女性在藝術、經濟、社會領域裡取得的無數成就的高曾祖母。但是，我們卻幾乎要淡忘瑪麗·沃斯通克拉夫特了。請告訴我你父親的祖母的名字，你可以嗎？沒錯，我想你不能，那麼就告訴我現在美國的財務主管的名字！

於是你明白我們畢竟對其他人了解得並不多。不過瑪麗·沃斯通克拉夫特把女性自由這個問題推向了最遠的界限。我告訴過你，她詳盡探究了這個主題。她預言了有一天女人會得到經濟自由——就是說，她們會被准許在任何一個行業工作，換來與她們的才能相符的所得，並會得到適當的報酬。女人也會得到社會自由——來去自主的權利，走在街上時不需要男人陪伴的特權，還有學習和觀察的權利。然後，女人還會得到政治自由——有權利參與立法問題並提出自己的意見。最後，她們會得到性別自由——有權利去愛，而沒有窺探的警察和粗魯的法律干預美好的婚姻關係。

為了讓人們明白，瑪麗·沃斯通克拉夫特解釋說社會被性是不潔的想法腐蝕了，不過她懷著崇高的願望相信這會過去，用法律維持一個人配偶的觀念將不會被所有優秀的人認同。她宣稱那種認為法律可以將一對男女神聖地結合為婚姻關係的想法是荒謬的，而且一個人終身圈住另外一個人在本質上是不開化的。只有本身蘊含著純潔、甜蜜和溫柔的，自由、自發的愛才是神聖的。更進一步說，她表明了她的信念，只有當一個人

找到了自己真正的伴侶，這樣的結合才會是終身的，否則就不可能是。男人靠自身的優秀來吸引伴侶，而不是依賴法律的幫助，他會靠良好的行為舉止來獲得愛人的心，並且變得更強更男人。這種結合，脫離了現存慣例中那狹隘的、窺視的、蠻橫的約束，一定會帶領人類走向進步。

瑪麗・沃斯通克拉夫特的書引起了轟動。它被廣泛傳閱，也受到了激烈抨擊。只有少數人支持它，威廉・戈德溫就是其中之一。但是辱罵和恐嚇包圍了她，沃斯通克拉夫特小姐認為她最好先離開英國一陣子。她去了巴黎，在那裡為一些英文出版商寫作和翻譯。在巴黎時，她遇到了吉爾伯特・伊姆利[243]，一個表面上有著和她一樣脾性的美國人。她 36 歲，他稍小一些。他們過起了理想的家庭生活。一年後，他們有了一個女兒。在嬰兒三個月大的時候，伊姆雷失蹤了，留下貧困交加、無依無靠的瑪麗。

對於這個輕信他人的溫柔的女人來說，這件事就是一個晴天霹靂。不過在痛哭了一兩次之後，哲學營救了她，她想到被一個不愛自己的男人拋棄終歸比一生被他拴住好。她賺了些錢，不久就帶著孩子和少量的行李啟程返回了英國 —— 悲痛卻勇敢不屈。她可以把孩子丟下，不過她蔑視這種想法。她要做一個正直的人，不想隱瞞什麼。正義一定會贏。

我聽說，未婚先育的女人是不會被英國上層社會接納的。

---

[243] 吉爾伯特・伊姆利（Gilbert lmlay, 1754-1828），美國獨立戰爭軍官、商人、作家。

瑪麗的遭遇傳聞趕在了她的前面，倫敦文學界發出一陣沙啞低沉的哄笑。社交界也在竊笑，這個在寫作方面表現得如此聰慧的女人怎麼就嘗到了她自己開出的藥，而且還發現它是那麼的苦澀。出版商們不再需要她的作品，老朋友們也裝作不認識她，那個僱用過她的男人被人指著鼻子非難了好幾年。

戈德溫，哲學家、理想主義者、熱心改革家，將搜尋處於困境中的人作為己任，他發現了她，並對她說了一個善意的謊話，說自己受到一個沒有名氣的出版商的委託，來找她寫一些文章。他掏出了口袋中所有的零錢，作為預付款，他並沒有多少錢，然後他就出發去尋覓願意買預期「搶手貨」的出版商了。幸運的是，他成功了。

幾個星期後，戈德溫先生，40 歲的單身漢，發現自己深深地愛上了瑪麗‧沃斯通克拉夫特和她的孩子。她純潔無暇的心，她的坦率和真誠，還有她的崇高理想，勝過了他所夢想的能在女人身上發現的一切。他成為了她真摯的情人，而她，一個被丟下、被遺棄的人，也回報了他。因為感情的藤蔓，在被殘忍無情地連根拔除後，會吸附在第一個出現在它面前的物體上。

就這樣，他們結婚了。是的，這兩個盡情批判過婚姻的人於西元 1797 年 3 月 29 日在老聖潘克拉斯教堂結婚了。他們得出了神志清醒的結論，公然冒犯社會是不明智的。

西元 1797 年 8 月 30 日，他們的女兒降生了。接著母親就去世了 —— 勇敢的瑪麗‧沃斯通克拉夫特死了，留下一個剛剛

一星期大的女嬰。就是這個女嬰長大後成了瑪麗·沃斯通克拉夫特·雪萊。

威廉·戈德溫寫了一本偉大的書 ——《政治正義論》（*Political Justice*）。這是一部有崇高見解的作品，只有烏托邦可以體會到它所訴說的理想。當所有的人都樂於給其他人他們需要的權利，當合作取代了競爭時，戈德溫的哲學對柴米油鹽來說才不會過於高貴深奧。許多讀過他的書的人都認為他們在其中看到了一個將會到來的更加神聖的日子，珀西·比希·雪萊就是其中之一。

大約在西元 1813 年，珀西·比希·雪萊拜訪了戈德溫，他住在蘇默斯鎮一間破舊的租住房裡。這位年輕人 20 歲，身材高挑，有一張出眾的英俊的臉龐。他的臉像大理石一般蒼白，面容帶著幾乎陰柔的精緻：薄薄的嘴唇、筆直的鼻子、優美的牙齒、濃密捲曲的頭髮，他的眼睛裡裝滿了夢幻和憂傷，街上的女人們常常會轉身跟隨這個「穿著人類外衣的天使」。

這個雪萊心懷悲痛，迷失茫然，生活不幸，此時此刻他只能去戈德溫 —— 那個哲學家那裡尋求忠告以得到解脫了！此外，戈德溫還是瑪麗·沃斯通克拉夫特的丈夫，這兩個人的偉大格言滋養了這位年輕人，也在他內心深處埋下了美德。是的，他要去拜訪戈德溫，英格蘭的柏拉圖！

於是他去見了戈德溫。

這位青年雪萊是貴族出身，他的祖父是比希·雪萊從男爵，

身價將近 30 萬英鎊，所有這些有一天都會歸於我們這位面色蒼白的少年。但是這個年輕人是共和主義者——他相信人們之間的兄弟情誼。他渴望著能幫助他的夥伴們，將他們從恐懼、罪過和無知的束縛中解救出來。在讀過休謨 [244]、戈德溫和沃斯通克拉夫特的作品後，他發現英國國教所定義的基督教是一個錯誤。它只是一種被國家操控的有組織的盲目崇拜，完全無法激發出崇高的思想和高尚的行為。

於是後來年輕的雪萊在牛津寫了一本小冊子，指出了世界的實質。

有一冊被送到了校長那裡，年輕的雪萊立即被逐出校園，同時他的父親收到一封信，請他好好教訓這個小子，讓他和牛津劃清界線，保持距離。

老雪萊大發雷霆，因為他的兒子讓家族蒙羞，他要他再寫一本小冊子支持英國國教，並放棄他所有的異端邪說。年輕的珀西回答說良心不允許他這麼做。父親說良心算個屁，接著又說了幾乎相同的話——多年後喬伊特教授對某個無神論的青年這樣說過。

喬伊特教授把那個青年叫過來，對他說：「年輕人，有人告訴我，你說你找不到上帝。這是真的嗎？」

「是的，先生。」青年說。

「好吧，那麼就請你在今晚 8 點之前找到祂，否則就離開這

---

[244] 　大衛‧休謨（David Hume, 1711-1776），蘇格蘭歷史學家、哲學家。

所學校。」

　　父親不允許雪萊再回家，而且他的經濟來源也被完全切斷了。於是他晃蕩到了倫敦，反覆咀嚼著苦澀的幻想，決定就算餓死也不對他相信的真理有一點點動搖。如果不是他的妹妹一次次地送來一些錢給他，他也許已經餓死了。把錢帶給他的使者是一個叫哈里特·韋斯特布魯克的年輕女孩，豐滿白淨，16歲。珀西19歲。哈里特是一個旅店店主的女兒，和家人相處得不是很融洽。她對珀西說了這些，當然她也知道他的苦惱，所以他們在大門外談論這件事，互相安慰著對方。

　　不久，這位哈里特和家人又發生了爭吵。漂亮睫毛上的淚水還未乾，她就奔向了雪萊的住處，撲在他的懷中，提議他們不要再與冷酷的命運抗爭了，一起遠走高飛，去過幸福的生活。

　　他們就這樣私奔了。

　　雪萊的父親將這起事件視為墮落的又一個證明，他說：「讓他們去！」這對小情人去了蘇格蘭。幾個月後他們又從那裡回來了，因為沒有人遠離家鄉還能真正快樂。而且，他們的錢都花完了 —— 他們兩個誰都沒賺過錢，韋斯特布魯克家願意原諒他們，即使雪萊家不願意，他們回來了。不過，是因為珀西和哈里特同意在一個英國國教牧師的主持下正當地結婚，韋斯特布魯克家才願意原諒他們。雪萊並沒有動搖他心中的戈德溫 —— 沃斯通克拉夫特理論，不過他有騎士風度而哈里特又兩眼含淚，所以他適度地放棄了個人考慮，他們正式結婚了。那是一

個寂靜的婚禮。

不久之後，一個小孩出生了。

哈里特是個溫和可愛的女孩，身體健康，有著非常適度的情感。她對任何事物都沒有看法，對雪萊熱切的志向也沒有同感。她認為有一個頭銜是好事，她勸丈夫放棄他的「無神論」，與家人講和。文學是一件愚蠢的事，人們應該像其他人做過的那樣去做。如果他們不那麼做，糟糕啊！那會帶來麻煩！

於是，他被斷了經濟來源、被家庭和學校驅逐、沒有工作，還有一個沒有共鳴的妻子——她無法理解他，那可憐的軟弱在刺痛他、折磨他。他想到了戈德溫——那個哲學家。因為最終哲學家可以治癒我們所有的傷病。

戈德溫見到雪萊很高興——戈德溫見到誰都很高興。戈德溫 55 歲，有一個蘇格拉底式的前額，臉頰上沒有鬍鬚，衣著不整卻溫文爾雅。是的，戈德溫就是《政治正義論》的作者，不過那本書寫於很久以前了——20 年前！

一個女孩出門去買一夸脫[245]的混合啤酒了，那位蒼白的來訪者掃視著這間屋子——它充當了餐廳、書房及會客廳。戈德溫再婚了，雪萊也聽說過，不過他有一點震驚地發現，這個曾經是瑪麗·沃斯通克拉夫特丈夫的偉人竟然娶了一個潑婦。她刺耳的大嗓門使來訪者當即確信她是一個非常平凡的人。

---

[245]　約 1.14 公升。

屋子裡有三個女孩和一個男孩，他們正忙著縫紉或看書——沒有一個被引見給雪萊。不過這裡有著波西米亞[246]的氛圍，很快大家就交談起來了。只有一個女孩沒有說話，她只是坐著看書，有幾次當少年的目光掃過她時，她也正望著他。雪萊待了一個小時，度過了非常愉快的時光。由於沒有機會對哲學家訴說他的心事，雪萊與哲學家約定下次再來拜訪。

　　在他摸索著走下樓梯，準備上路時，他仔細地琢磨著：卡萊爾蒙特，戈德溫娶的那個寡婦，是一個俗人，這沒錯。她的女兒珍很漂亮也很聰明，不過她和查爾斯——那個男孩，都是那位母親的孩子，他憑直覺就把他們挑了出來。那個棕色眼睛活潑開朗的年輕女孩是范妮·戈德溫，她是瑪麗·沃斯通克拉夫特的第一個孩子，也是戈德溫的繼女。那個出奇安靜的高個苗條的女孩是戈德溫和瑪麗·沃斯通克拉夫特的女兒。

　　「上帝啊，這是一個什麼樣的家庭啊？」雪萊說。

　　年輕人又一次來拜訪，在訴說了他的境遇後，他得到的建議是回到家裡，跟他的妻子和父親處好關係——無論他在良心上有多麼不安。哲學是好的，但是生活是一回事，哲學是另一回事。和哈里特在一起生活是因為他已經宣過誓——不管怎樣，愛十分誘人。至於寫詩，當然，如果他喜歡就寫，不過把它留給自己就好了。這世界不會被熱血的青年們撼動。戈德溫已經試過了——他自己也曾是一個熱血青年，這就是為什麼他

現在住在蘇默斯鎮而不是皮卡迪利大街 [247]。雪萊帶著震驚和眩暈離開了，經過老聖潘克拉斯教堂時，他又轉身回去，整理起他散亂的思緒。他穿過這座陰冷、暗淡的老建築，走到了外面的墓園裡，覆蓋著青苔的灰色石板象徵著那裡是死者們的長眠之處。所有的一切看上去都那麼的陰冷、寂靜而鎮定。死者們在安睡 —— 他們沒有那些讓人頭疼的煩惱。

　　有幾個人在走來走去，不經意地唸著墓碑上的銘文。這個年輕人也不知不覺跟隨著他們的行為。他在一條小路上慢慢地走著，打量起那些石塊。在一塊簡單的小石板上，他發現了「沃斯通克拉夫特」這個名字。他停了下來，俯下身摘掉帽子讀起銘文，接著他看見不遠處的草地上坐著那個高個子女孩。她的手裡捧著一本書，不過她正非常冷靜地看著他。他們的目光相遇了，互相給了對方一個小小的微笑。年輕人和女孩隔著墓，在另一邊的草地上坐下，他們談起了埋在他們身旁的女人。年輕人發現高個子女孩是一個崇敬先祖者和神祕主義者，除此之外，她還有讓他敬畏的高高翱翔的靈魂。而且，她的身材和容貌都非常出眾。她很安靜，不過她很善於交談。

　　第二天，當珀西·雪萊在老聖潘克拉斯教堂墓園裡漫步的時候，那個拿著書的高個子女孩又出現在了相同的地方。

　　雪萊第一次拜訪戈德溫家的時候，他 20 歲。他遇見的三個女孩分別是 15 歲、16 歲和 17 歲。瑪麗排行中間，卻是最成

---

[247]　倫敦的一條繁華街道。

熟的一個，她很容易被看作是年齡最大的。現在，這三個女孩都被這位臉色蒼白的陌生來訪者的美貌、優雅和才華攪得春心蕩漾。

在接下來的幾個月裡，他一次次地去那所房子。所有的女孩們都狂熱地愛上了他，因為18歲以下的女孩愛起來都是這樣的。戈德溫先生很快意識到他所有的女兒都愛上了雪萊。她們都沒了食慾，開始胡思亂想。戈德溫先生，作為一個善良的人，出於好意，在適當的場合告訴她們雪萊先生已經有妻室了，儘管他和妻子相處得不愉快，她仍是他法律上的妻子，婚姻是莊嚴神聖的義務。當然，在這方面，純粹的哲學或詩意的判斷會有不同的觀點，但是在社會中婚姻不能被視為兒戲。總之，雪萊已經結婚了，這就是不能被忽視的事實。

雪萊依然穿過聖潘克拉斯教堂繼續來拜訪他們。幾個月後，瑪麗對珍透露說她和雪萊準備私奔，在他們離開後珍一定要穩住局面並解釋這件事。

珍哭了，說她也去 —— 她要麼一起去要麼就死。她可以當個僕人或是別的什麼都行，但是她要去。雪萊考慮再三，為了避免悲劇發生，他同意珍作為瑪麗 —— 他的至愛的女僕和他們一起走。

於是這三人一起私奔了。這是雪萊的第二次私奔，他比兩個從未私奔過的女孩更沉著一些。他們到了多佛，在一家旅館等船時，老闆突然跑來，氣喘吁吁地對雪萊說：「來了一個胖女

人，她發誓說你帶著她女兒逃跑了！」

那是戈德溫夫人。

他們從後門跑出去，僱了一條小船帶他們去加萊。他們在暴雨中登上船，經過整整一夜與風浪的搏鬥，第二天清晨當太陽升起的時候，法國的大地出現在了他們的視線裡。

一想到雪萊闖入他的家庭打破了既定的秩序，做出這樣的事情來，戈德溫就感到非常地傷心和震驚。不過雪萊讀過戈德溫的書，他只是採納了這位哲學家的建議：「人類心中的衝動是恰當且正確的，它們比法律更偉大，必須要遵從。」

在有錢支撐的日子裡，跑路者們似乎在法國度過了一段歡樂的時光。他們買了一頭騾子來馱行李，自己則跟在後面走。珍的腳磨出了水泡，他們就讓她坐在騾子馱著的行李上，〈麥布女王〉（Queen Mab）的作者牽著那頭耐心的牲畜，瑪麗拿著鞭子跟在後面。幾天後，雪萊扭傷了他的腳踝，就又輪到他騎上去，而瑪麗牽著騾子，簡走在後面。

就這樣，他們旅行了六個星期，寫詩、討論哲學。享受著愛、狂野、自由、無憂無慮，直到他們到了瑞士。一天早上，他們清點錢時發現，他們剩下的錢只夠回英國的路費了。

到達倫敦時，戈德溫家不打算接他們回來，大眾社會也十分厭惡地看著他們。

雪萊的父親現在堅信了他兒子的墮落，不過為了不讓他真

的餓死，就給了他少量的足夠生活的錢。雪萊開始意識到任何對抗既定秩序的人，都會化為灰塵。古老的世界也許是錯的，但它不可能在一天之內變得正確，只要一個人選擇在社會中生存，他就必須在整體上遵從社會的慣例。這些古老的方式從古至今一直運行良好，不可能被瞬間的過程所替代。如果要從根本上改變，它們必須像人一樣改變，人必須要先改變。那就是說人必須要去革新，而不是制定規矩。

雪萊和瑪麗·戈德溫是世間絕無僅有的伴侶。一年內瑪麗已經從一個女孩變成了一個出色的女人——一個美麗的、出眾的、熱忱的女人。透過她自己的努力，當然也有雪萊的影響（因為他們一起做任何事），她精讀了名著，並鑽研古典文學。和她母親不同，瑪麗·雪萊無法獨自完成巨作。她敏感和柔和的天性中沒有那種用以創作的獨斷個人主義。她寫了一本書——《科學怪人》，其中帶著預言和寓意的暗示為這部作品蓋上了經典之作的印章，不過它是在雪萊的協助下完成的。雪萊也無法獨自工作，如果沒有她，這世界的厭惡一定早已將他逼入了癲狂和死亡。

就這樣，他們在義大利尋求愛的平和，和拜倫勳爵保持著親密的關係，在各個方面得到了他朋友般的關懷。

但是平和不是給雪萊的，不幸就在門外。他永遠都不會忘記，他是怎樣把哈里特·韋斯特布魯克帶到一個她並不適合的境地，然後又把她一個人拋入痛苦的掙扎中。當哈里特自溺的消

息傳來時，他陷入了極度的悲痛。而就在那之前不久，范妮·戈德溫也慎重地離去了，留下一個鴉片酊空瓶來訴說一切[248]。

　　西元 1816 年 12 月 13 日，雪萊和瑪麗·戈德溫在倫敦的聖蜜德莉教堂結婚了。他們兩個人完全和戈德溫達成了一致 —— 一個人要對未出生的人、對社會擔負起一種責任，反對傳統是一個非常糟糕的策略。不過儘管雪萊給了社會延遲的賠償，社會也不會寬恕他。為了得到他的孩子艾安茜和查爾斯 —— 哈里特是他們的母親，雪萊做了很久的法律抗爭，最後大法官法庭判決雪萊敗訴，理由是他「身為一個無神論者和共和主義者，是一個不適合當父親的人」。

　　這段時期，小奧格拉，「拂曉」之子 —— 拜倫勳爵和珍·克萊爾蒙特的孩子出生了。在這之後就是克萊爾蒙特和拜倫的爭吵，關於決鬥的威脅以及所有的這些事情。

　　最終拜倫和克萊爾蒙特小姐為這個孩子爭了起來。不過死亡解決了爭端，這個美麗的小女孩去了他們兩人都無法觸及的地方。

　　於是我們可以看到雪萊的心被他人和自己的悲哀所絞痛。瑪麗和他埋葬了他們聰明的兒子威廉和幼小的女兒克萊拉，命運似乎極盡所能地對他們做了最壞的事。不過人似乎對痛苦有著某種特定的承受能力，即使是神也無法超越。

　　雪萊掙扎下去，在瑪麗的幫助下繼續寫作。

---

[248]　范妮在雪萊攜瑪麗和珍出走後，日益消沉，最後自殺。雪萊為她寫了詩〈悼范妮·戈德溫〉。

又一個寶寶出世了，世界變得明亮了一些。他們此時在地中海邊上，和一群真實狂熱的人們在一起。他們第一次意識到自己畢竟是世界的一部分，和人類息息相關——並不孤獨，也沒有被輕視、被遺棄。

後來，利·亨特和他的妻子也要來加入他們的小社團，利·亨特曾因為爭取自由思想和自由言論的權利而入獄。迎接這樣一個人的到來是多麼讓人高興啊！

於是，雪萊興高采烈地駕著船去見他的朋友。但是他再也沒有回到妻子和孩子身邊。幾天後，海浪把他的屍體沖到了沙灘上，剩下的你都知道了——忠實的特勞尼[249]和拜倫架起了柴堆，將屍體化為灰燼。

瑪麗那時 26 歲。她繼續活著——只為了回憶她的雪萊而活下去，她確信他們還會再一次團聚。她似乎只是存在。她照看著她的孩子，盡全力做好雪萊留下的沒有完成的工作。

男孩長成了一個美好的少年，他深愛著母親，就像她深愛著他一樣。他繼承了雪萊家全部的遺產，他們相伴生活，彼此關照。直到 54 歲時，她死在了兒子的懷抱中。

她告訴我們，她生命中最初的 16 年是用來守候她的雪萊，作為彼此最神聖的伴侶，她與他共同生活了 8 年，還有 28 年她在期待並準備好自己，為了和他再次相逢。

---

[249] 愛德華·特勞尼 (Edward Trelawny, 1792-1881)，英國傳記作者、小說家、冒險家。

電子書購買

爽讀 APP

國家圖書館出版品預行編目資料

輝煌堅毅，歷史舞臺上的女性力量：寂靜主義先驅 × 監獄改革者 × 最「貴」的畫家 × 科幻小說之母……即便處境相對弱勢，依舊能在各行業大放光彩！ / [美] 阿爾伯特‧哈伯德（Elbert Hubbard）著，宋孚紅 譯 . -- 第一版 . -- 臺北市：崧燁文化事業有限公司 , 2023.11
面；　公分
POD 版
ISBN 978-626-357-707-7(平裝)
1.CST: 女性傳記
781.052　112015357

輝煌堅毅，歷史舞臺上的女性力量：寂靜主義先驅 × 監獄改革者 × 最「貴」的畫家 × 科幻小說之母……即便處境相對弱勢，依舊能在各行業大放光彩！

臉書

作　　　者：[美] 阿爾伯特‧哈伯德（Elbert Hubbard）
翻　　　譯：宋孚紅
發 行 人：黃振庭
出 版 者：崧燁文化事業有限公司
發 行 者：崧燁文化事業有限公司
E - m a i l：sonbookservice@gmail.com
粉 絲 頁：https://www.facebook.com/sonbookss/
網　　　址：https://sonbook.net/
地　　　址：台北市中正區重慶南路一段六十一號八樓 815 室
Rm. 815, 8F., No.61, Sec. 1, Chongqing S. Rd., Zhongzheng Dist., Taipei City 100, Taiwan
電　　　話：(02) 2370-3310　　　傳　　　真：(02) 2388-1990
印　　　刷：京峯數位服務有限公司
律師顧問：廣華律師事務所 張珮琦律師

定　　　價：375 元
發行日期：2023 年 11 月第一版
◎本書以 POD 印製
Design Assets from Freepik.com